서양고전관통 2

고전 중의 고전
서양고전관통 **2**

초판 1쇄 인쇄 2023년 5월 20일
초판 1쇄 발행 2023년 5월 30일

지은이 이종필
펴낸이 정성준

펴낸곳 도서출판 목양
등록 2008년 3월 27일 제 2008호-04호
주소 경기도 용인시 처인구 양지면 학촌로53번길 19
전화 070-7561-5247 팩스 0505-009-9585
홈페이지 www.mokyangbook.com
이메일 mokyang-book@hanmail.net

Copyright ⓒ 이종필 2023

ISBN 979-11-92332-16-1 (04230)
        979-11-92332-14-7 (세트 전 4권)

하 나 님 나 라 관 점 으 로 읽 는 서 양 고 전

서양
고전
관통

2

고전 중의 고전

이종필 지음

킹덤처치연구소

복음설교자로 태중에서부터 나를 부르신 하나님, 학부에서 인문학을 전공하도록 권하시며 목회자의 길로 이끌어주신 아버지, 읽고 쓰고 강의하는 동안 가정에서 많은 일을 감당해준 헌신적인 어머니와 아내, 연구의 기회를 주신 교회성장연구소 식구들, 옆에서 자료를 제작하는 일에 헌신한 송민정 간사, 인강을 만드는 데 헌신적으로 수고해 준 박현종 목사, 인문학적 영감의 원천인 시은, 지민, 재현, 특히 가슴으로 낳은 막내아들 일우에게 감사의 마음을 표합니다.

저자의 인문학적 통찰과 영역이 넓고도 깊다. 치열한 노력과 성실함, 그리고 방대한 지식과 해석에 박수를 보낸다. 기독교적 관점에서 읽는 서양고전은 그 맛이 다르다. 서양고전의 관점으로 성경을 읽어내는 노력들은 많았지만, 의외로 성경적 관점에서 서양고전을 논하는 책들은 많지 않았다. 저자는 본서에서 그 과감한 시도를 하고 있으며, 그 결과는 매우 성공적이다. 신화에서부터 현대문학에 이르기까지 그 독특성과 업적을 드러내면서도 분명한 한계를 짚어 내어 기독교인의 관점에서 어떻게 고전을 읽어내고 적용점을 찾아야 하는지 친절한 안내자의 역할을 하고 있다. 저자의 바람처럼 원전을 펼치기 전 본서를 먼저 읽기를 강력히 추천한다. 신화의 마을에서 출발해 고전문학의 정거장을 지나 성경의 종착역에 이르게 되는 멋진 여행이 될 것이다.

최병락 목사 | 강남중앙침례교회 담임, 월드사역연구소 소장,
<바람을 잡는 그대에게> <목회 멘토링> <부족함> 저자

현대를 사는 우리에게 고전을 읽는 것의 중요성은 아무리 강조해도 지나치지 않습니다. C. S. 루이스는 옛날 책 즉 고전을 읽는 것의 유익에 대해서 '지나간 수 세기의 깨끗한 바람이 우리의 정신에 계속 불어오게 만

들어 시대정신의 포로가 되는 것을 피할 수 있다'고 하였습니다. 특별히 고전은 시대를 뛰어넘어 인류 공통의 문제들을 이야기 형식으로 집약, 축적하여 계승 발전시켜왔기 때문에 우리는 고전을 통해 사람을 이해할 수 있는 지혜를 얻을 수 있습니다. 하지만 서양 고전 또한 인간의 지식과 지혜가 집약된 고도의 산물일지라도 '인본주의'라는 한계를 가지고 있습니다. 고전을 읽어내는 것도 중요하지만 어떤 관점으로 읽고 해석하고 소화하느냐가 더 중요합니다.

저자가 심혈을 기울여 집필한 이 책은 독자가 성경과 복음의 안경을 쓰고 서양 고전을 읽어갈 수 있도록 인도하는 훌륭한 길잡이입니다. 특별히 저와 같은 목회자에게 이 책은 목회의 가장 기본이 되는 '사람을 이해하는 것'의 깊이를 더해갈 뿐 아니라 매주 치열하게 진행하는 설교 준비에도 큰 도움을 줄 것이라고 생각합니다. 무엇보다 각 고전 작품과 성경을 연결하는 구조가 정말 탁월하여 고전의 이해는 물론, 해당 성경본문을 새로운 관점으로 볼 수 있는 통찰력도 얻을 수 있습니다. 고전을 통해 배우는 역사와 철학, 시대정신은 물론이요, 사람을 깊이 이해함과 동시에 성경을 폭넓게 이해할 수 있도록 도와주고 있습니다. 지성과 영성이라는 두마리 토끼를 잡을 수 있는 좋은 기회이기에 기쁜 마음으로 추천합니다.

이인호 목사 | 더사랑의교회 담임,
<기도하면 달라진다> <기도하면 살아난다> 저자

2023년 2월 유럽 유학생들과 유럽 한인 2세들을 위한 연합수련회인 코스테에서 이종필 목사님을 처음 뵈었습니다. 목사님이 강의를 들으면서 강호의 고수를 만난 느낌이었습니다. 처음 만난 회중들의 마음을 한순간에 허물고 즐겁게 소통하는 그 모습에 매료되고 말았습니다. 그리고 목사님이 어떤 분인지 궁금해졌습니다. Koste 모든 일정을 마치고 돌아오

는 비행기 안에서 목사님께서 건네주신 이 책의 원고를 읽기 시작했습니다. 그리고 한순간에 회중과 소통하며 메시지 안으로 회중을 끌어당기는 그 힘의 원천이 어디에 있는지 알게 되었습니다.

저자는 대학에서 문학을 전공하였고, 오랫동안 인문학적인 책읽기를 계속해 왔습니다. 그리고 동료들과 후배들에게 그가 받은 '아하'의 경험을 계속 나누어 왔습니다. 이 책은 그 나눔의 결과물입니다. 이 책은 인문학적인 창으로 성경을 바라보며 우리의 최종 목적이 되신 예수 그리스도를 만나게 하며, 성경의 눈으로 고전과 명저들을 해석하여 이 세상을 향한 복음적 메시지를 찾게 합니다. 이 책이 출간되면 저는 가장 먼저 우리교회 성도들과 필독하게 될 것입니다. 이 책을 모든 독자에게 기쁨으로 추천합니다.

손철구 목사 | 홍익교회 담임

나는 이종필 목사를 처음 만난 날을 잊지 못한다. 그의 명성을 익히 들어서 알고 있었는데, 마침 그의 강의를 들을 기회가 있어 찾아갔다가 별도로 만나 대화할 수 있었다. 이전에 그를 책으로만 대했던 터라 딱딱하고 지성적인 인물일 줄만 알았는데, 그는 그러할 뿐 아니라 친절하고 유쾌했다. 대화뿐 아니라 강의를 들으면서 그가 오늘날 교회와 사회가 처한 현실을 정확히 진단하고 실질적인 대안을 제시하는 것을 보며 통찰을 얻었다. 이제 나는 그가 쓴 책으로 교회에서 하나님나라 제자훈련을 인도하고 있다. 당연히 만족도가 높다.

이번에 그가 보내준 이 책의 원고를 읽으면서 다시 한번 그의 역량에 놀랐다. 우선, 나같은 사람은 도저히 엄두도 내지 못할 책을 쓴 그에게 존경과 찬사를 보낸다. 필시 그가 문학과 신학을 모두 탁월하게 습득했기에 이런 글을 쓸 수 있었을 것이다. 나는 이 책의 추천사를 쓰게 되어서 너무나 감격스럽다. 나는 다음과 같은 이유로 이 책을 강력하게 추천한다.

첫째, 이 책은 재미있다. 술술 읽힌다. 나는 이 책을 읽으면서 다른 일을 할 수 없었다. 독자들께서도 이 책을 한번 읽기 시작하면 나처럼 깊이 빠져들 것이다. 순식간에 전 권을 다 읽게 될지도 모른다. 특히 이 책의 구성은 가독성을 촉진한다. 저자는 고전들을 소개할 때 '인트로'를 제시하고, '묵상을 겸한 프리뷰'를 제공한 후, '하나님 나라 관점으로 작품요약'을 한다. 이러한 구성은 아직 고전을 읽지 않은 사람에게 고전 읽기를 대신할 수 있게 하여 고전을 꼭 읽어야지 하면서도 읽지 못했던 부담감으로부터 해방을 얻게 하고, 이미 고전을 읽은 사람에게 성경적 렌즈로 고전을 이해할 수 있게 하여서 고전 읽기를 더욱 의미있게 한다.

둘째, 이 책은 성경을 더욱 정확하고 풍요롭게 이해할 수 있게 해 준다. 저자는 고전을 꼼꼼하고 정밀하게 분석하면서 성경과의 연관성을 제시한다. 고전의 모티프가 성경의 모티프와 어떻게 상관되는지를 타당하게 설명해준다. 즉 독자들은 고전에 소개된 사람들의 사고방식, 행동양식, 문화관, 언어의 용례 등이 성경적으로 어떻게 평가될 수 있는지를 보게 된다. 성경은 사회와 문화를 배경으로 하여 기록되었기에 성경을 이해하려면 사회적 문맥을 이해하는 것이 필수이다. 이는 성경 이해가 문자적 차원에서 그치면 안 된다는 점을 시사한다. 더욱이 하나님의 계시는 대단히 풍요롭고 다채롭다. 따라서 성경을 알기 위해서는 사회와 역사와 문화를 알아야 하는데, 고전 읽기는 그러한 점을 가능하게 해 준다.

셋째, 이 책은 기독교 세계관을 정립해 준다. 저자는 성경적 관점으로 고전들을 설명한다. 원래 서양 고전은 기독교 세계관을 바탕으로 하는 것도 있고 그것을 어느 정도 공유하는 것도 있다. 혹은 기독교를 반대하는 입장에 서 있는 것도 있다. 그러므로 저자의 안내를 따라가다 보면 고전을 마냥 재미있거나 교훈적인 책으로만 여기게 되는 것이 아니라 어느새 기독교적 사고체계 형성과 발전이라는 선물을 받게 된다. 즉 이 책을 통해서 우리가 세상을 어떻게 바라봐야 하는지를 배울 수 있게 된다. 따라서 이 책을 교회에서 그룹 공부용으로 사용해 볼 것을 제안한다. 여러 사람이 이 책을 읽고 토론을 벌이다 보면 성경적 시야로 세상과 인간을 바라보는 힘을 키울 수 있게 될 것이다.

넷째, 이 책은 우리가 어떻게 성경을 시대의 언어로 설명하고 전파해야 하는지를 가르쳐준다. 고전은 사람들의 보편적인 인식과 세계관을 담고 있다. 따라서 고전을 읽으면 사람과 사회를 바로 해석하게 되어서 우리가 사람들에게 나아가 그들의 형편과 처지에 맞게 성경을 전할 수 있게 된다. 곧 우리를 말이 통하는 전도자가 되게 한다. 실제로 오늘날 성경을 가르치는 사람들이 시대정신과 문화를 이해하지 못한 채 폐쇄된 가르침과 답답한 화술로 사람들과의 접촉점을 상실하는 일이 많다. 그러나 성경의 관점으로 고전을 읽으면 그러한 문제가 상당 부분 해결된다. 이제 이 책을 읽으므로 지혜로운 전도자와 교사가 되어 보자.

그러므로 나는 이 책을 강력하게 추천한다. 이 책을 읽으면 성경이 더욱 의미있는 메시지가 될 것이며, 기독교적 사고체계를 견고히 갖추어서 세상을 올바르게 이해하고 분별할 수 있을 것이고, 말이 통하는 전도자가 되어서 복음을 더욱 잘 가르칠 수 있을 것이다. 나는 가급적 많은 그리스도인이 이 책을 읽기를 기대한다. 더욱이 비그리스도인들도 이 책을 읽을 수 있다면 좋겠다. 고전이란 모든 사람이 공유하는 것이고 저자가 일상의 글투로 썼으니 이 책이 그들에게 쉽게 다가갈 수 있으리라 본다. 그런 면에서 나는 이 책이 훌륭한 기독교 변증서가 될 것이라 믿는다. 그들이 이 책을 읽는다면 성경이 보편타당한 진리임을 깨닫게 될 것이고, 아울러 그리스도인들의 부족함으로 인해 생긴 기독교에 관한 오해가 해소될 것이다.

황원하 목사 | 산성교회 담임
<설교자를 위한 마가복음 주해> <요한복음> <사도행전> 저자

저자의 강의를 들을 기회가 있었습니다. 하나님이 만드신 자기 얼굴로 (?) 탁월하게 청중들을 집중시켰습니다. 자기 얼굴 뒤에서 역사하신 하나님 나라를 전하는 것을 보았습니다. 하나님은 자신의 형상을 따라 사람을 만드셨습니다. 이 말은 사람을 잘 알아야 하나님 나라를 쉽게 이해할 수 있다는 말입니다. 이 책은 서양 고전을 통해서 사람을 이해하게 만든 책입니다. 그래서 하나님 나라와 복음을 쉽게 이해하도록 도움을 주는 너무 좋은 책입니다. 읽기 어려운 고전을, 생각 없이 읽게 되는 고전을 하나님 나라와 연결하여 은혜를 부어주는 책입니다. 이런 놀라운 책을 쓴다는 것이 부럽기도 하고, 놀랍기도 합니다. 코로나 기간에 이 귀한 책을 집필하여 한국 교회에 내놓게 하신 주님께 감사하며 본 책을 적극적으로 추천하는 바입니다.

장동학 목사 | 하늘꿈연동교회 담임

차례

서양 고전의 원천인 신화 캐릭터들은
지금도 살아 있다

얼마 전 통계에 따르면 유럽에서 하루 등록되는 상표의 60%가 그리스로마 신화에서 아이디어를 차용한다고 한다. 그리스로마 신화 속에 등장하는 캐릭터들을 전 세계가 공유하고 있기 때문일 것이다. 세계 최고 온라인 상거래 플랫폼 Amazon은 트로이전쟁에서 패색이 짙었던 트로이를 도와 그리스연합군의 전사 아킬레우스와 싸웠던 용맹한 여성부족 아마조네스에서 이름을 따왔다. 부족을 지키기 위해 한쪽 가슴을 절제하고 활을 쏘며 용맹하게 싸웠다는 전설의 여성전사들처럼 Amazon은 자신들의 플랫폼으로 전 세계 온라인 상거래 시장을 맹렬하게 정복하고 있다. 이 이름은 이미 수백 년 전 남미를 침략한 유럽인들이 큰 강에 붙인 이름이기도 하다. 머리가 긴 원주민들이 활을 들고 유럽인들과 싸우러 나왔을 때, 그들은 신화 속 여성전사를 연상했다. 이 외에도 아마존은 볼보의 중형차 이름으로, 만화 원피스에 등장하는 여성들만의 섬 이름으로, 디아블로의 여전사 캐릭터 이름 등 열거할 수 없을 정도로 많이 차용되었다. 아마조네스 전사들은 세계 수많은 사람들의 입에 오르내리며 지금도 살아 자신들의 이야기를 나누고 있는 셈이다.

이런 예는 우리 주변에서 쉽게 찾아볼 수 있다. 제우스의 전령 헤르메스의 모자를 이미지로 사용하여 한국인들에게 갖가지 소식을 전해주는 전령 역할로 우뚝 선 네이버, 오디세우스 일행을 유혹했던 세이레네스를 차용하여 커피와 함께 특별한 분위기로 전 세계인들을 매혹하는 데 성공한 스타벅스, 가정과 결혼의 신이자 제우스의 아내 이름을 따 최고급 화장품의 지위를 누리고 있는 헤라 등 우리나라의 기업이나 제품 이름으로도 신화의 캐릭터는 왕성하게 활동하고 있다. 헤라의 로마식 이름 유노(Juno)는 유럽에서 결혼하기 가장 좋은 계절인 6월의 이름이 되어 지금도 여전히 여왕의 지위를 누리고 있다(June).

캐논의 카메라 브랜드 에오스(그리스식 Eos, 로마식으로 Aurora, 영어 발음으로는 오로라)는 새벽의 신 이름으로 사진작가들이 풍경을 담기 가장 좋은 신비한 시간의 이미지를 풍기고 있다. 영웅 페르세우스가 죽인 괴물 메두사는 원래 치명적인 매력을 가진 아름다운 여성이었으나 아테나 여신의 저주를 받아 머리카락이 뱀이 되었고, 그녀를 보는 사람은 돌이 되어 누구와도 사랑할 수 없는 불행한 캐릭터가 되었다. 1978년 이탈리아의 패션 디자이너 지아니 베르사체가 누구든지 빠져들게 만드는 불행한 팜므 파탈 메두사의 이미지를 활용하여 베르사체라는 명품 브랜드를 고안했다. 이 명품 브랜드는 많은 여성들을 마비시켜 막대한 돈을 소비하게 만들고 있으니 메두사는 여전히 현대 여성들의 마음을 강탈하고, 사람들을 마비키시는 존재로 생명력을 유지하고 있다.

온라인 게임을 통해서 신화의 캐릭터들은 젊은 세대들을 사로잡았다.

메두사 이미지를 차용한 스타크래프트의 캐리건은 억울하게 피해자가 된 분노로 가해자가 된 캐릭터다. LOL의 카시오페아는 상체가 여자이고 하체가 뱀인 괴물 라미아의 이미지를 차용했다. 신화 속에서 라미아는 원래 리비아의 여왕이었으나 제우스의 연정의 대상이 되어 헤라의 저주를 받고 아이들을 훔쳐다 산채로 잡아먹는 괴물이 되었다. 이 캐릭터는 리니지에도 등장한다. 테세우스를 영웅으로 만들어 준 괴물 미노타우루스(사람 몸에 얼굴은 소인 괴물)를 캐릭터화한 알리스타(리그 오브 레전드)와 타우렌(워크래프트)에 얽힌 이야기는 모르는 이가 거의 없다. 이렇게 서양 고전의 원천이 된 신화의 캐릭터들은 지금도 살아 있다.

그리스로마 신화는
우리 모두의 이야기다.

신화는 황당무계한 막장전설이 아니다. 신화란 이 세상의 기원에 대해 답을 찾고 싶어 하는 인간의 본성에서 탄생한 필연적인 결과물이다. 고대의 모든 문명은 각자의 신화를 만들어냈다. 그들의 정신은 기원을 설명할 수 있는 무엇인가를 만들어낼 수밖에 없었던 것이다. 그들은 신화 속에서 인생에서 겪는 수많은 사건을 해석할 수 있는 공식을 찾았다. 또한 이해할 수 없는 자연현상의 원인을 제공하여 미래의 방향을 결정하게 해 주는 납득할만한 설명을 얻어낸 것이다. 신화는 그들에게 자신이 누구인지, 세상은 어떻게 생겼으며, 세상의 모든 문제는 어떻게 발생하는지, 그래서 인간은 어떻게 살아야 하는지를 설명한다. 신화는 인간의 정신세계에 꼭 필요한 양식, 없으면 존재할 수 없는 그 무엇이었던 것이다. 그들은 신화를 통해 인생에 대한 철학적 사유를 한 것이며, 모든 자연현상에 대한 과학적 답변을 얻었던 것이다.

이렇게 인류 정신세계에 생명을 공급하는 신화는 이야기라는 형태를 가졌다. 왜 교리나 격언이 아닌 이야기라는 방식으로 신화가 전해졌을까? 그것은 인간 정신과 가장 맞는 것이 이야기이기 때문이다. 우리 모두는 어릴 때 누구나 제일 먼저 이야기를 접한다. 이야기는 강한 호기심을 유발하고, 강렬하게 기억 속에 저장된다. 이야기를 듣는 사람은 졸지 않는다. 왜냐하면 그 이야기 속에서 자신을 발견하기 때문이다. 신화는 세상의 기원을 모두 이야기 형태로 설명한다. 카오스에서 가이아(땅)가 나왔고, 그녀가 우라노스(하늘)를 낳았다. 가이아와 우라노스가 결혼하여 많은 자녀들, 크로노스(시간), 휘페리온(빛), 오케아노스(바다) 등을 낳았다. 이것은 실제 결혼과 성을 통한 출산을 의미하지 않는다. 세상의 기원을 이야기로 설명하고 있는 것이다.

정리하자면 신화는 정신을 가진 인간에게 꼭 필요한 기원에 대한 설명, 인생의 많은 문제들에 대한 해석의 틀, 자연 현상에 대한 답변을 주는 근본적인 이야기다. 지금도 우리는 종교와 철학과 과학을 통해 우리의 기원과 정체성에 대한 설명을 찾는다. 우리 인생에 일어나는 수많은 사건들을 해석할 수 있는 틀을 구성하려 노력한다. 그리고 자연 현상을 연구한다. 답을 찾는 방식이 조금 달라졌을 뿐 인간의 정신은 근본적으로 신화가 주었던 답을 필요로 하고 있다. 우리는 신화를 만든 고대 인류들과 마찬가지로 동일한 정신 활동을 하고 있다. 따라서 신화는 바로 우리들의 이야기라고 할 수 있다. 이제 우리는 신화가 제공하는 세계관을 다 받아들이지는 않는다. 그러나 우리의 정신 활동에 신화가 매우 중요한 역할을 하고 있음을 부인할 수 없다.

서양인문학은 그리스로마 신화에서 출발하여 서양고전으로 이어진다.

우리는 왜 동양인문학이 아니고 서양인문학을 공부하는가? 억울하지만 동양의 신화, 우리 한국의 신화는 서양에서는 물론이고, 동양 안에서도 많이 소비되지 않는다. 서양인문학 콘텐츠들이 게임이나 만화, 영화나 드라마 분야에서부터 모든 학문의 영역에서까지 훨씬 많이 소비된다. 인문학 콘텐츠는 많이 소비되어야 다양한 형태로 패러디되며, 재창조의 과정을 통해 풍성해진다. 서양인문학에 비해 동양인문학은 영화나 책, 드라마나 노래 등으로 재창조되는 일이 드물다. 청나라가 몰락하고 중국이 공산화의 길을 가면서 이런 현상은 더욱 두드려졌다. 적어도 16세기 이후로, 그 전에 중세 수도원에서 대학이 생긴 이후로, 서양이 문화적인 측면에서 동양을 앞서나갔고, 현재 전 세계가 서양인문학을 소비하고 있다는 것은 어쩔 수 없는 사실이다. 이 말은 우리의 잡담에서부터 거대한 문화 콘텐츠에 이르기까지 이 시대의 문화 속에서 서양인문학이 대세가 되어 재창조되고 있음을 의미한다. 그리스로마 신화에서 시작되어 성경과 어우러져 재탄생되었던 서양고전은 전세계인의 문화가 되었다. 심리학자 프로이트가 오이디푸스 왕으로 자신의 이론을 설명하고, BTS가 디오니소스를 노래한다. 우리는 서양인문학을 공부할 수밖에 없다.

서양 정신세계의 결과물이라 할 수 있는 서양인문학은 그리스로마신화에서 시작된다. 그리스로마 신화의 시작은 그리스의 영웅 테세우스의 아버지 아이게우스가 몸을 던진 데서 유래한 에게해 문명에서 시작한다. 사실 이 문명은 해상을 주름 잡던 페니키아인들이 메소포타미아와 이집트의 문명을 전하면서 시작된 후발문명이다. 그러나 이 문명은 크레타 섬에서 시작하여 그리스 본토 미케네 문명(트로이 전쟁의 총 사령관 아가멤논 왕의 나라)을 이루며 발전해갔고, 자신들의 세계관을 통해 신화를 만들었다. 구전되던 그 이야기들은 고대 그리스의 전성기인 기원전 8~5세기(남북으로 나눠진 이스라엘이 앗수르와 바벨론에 의해 포로가 된 시기)에 이르러 서양 문명의 아버지라 할 수 있는 호메로스와 헤시오도스를 통해 서사시로 정리된다. 호메로스는《일리아스》와《오디세이아》같이 영웅담을 썼으며, 헤시오도스는《신들의 계보》(혹은 신통기로 번역됨)를 통해 세상의 기원을 족보식으로 정리했다. 이 이야기들은 그리스의 전성기에《안티고네》같은 비극으로 수없이 재창조되었으며, 후에 지중해 전체를 정복한 로마에 의해 수용된다. 로마는 그리스의 신화를 자신들의 것으로 받아들이고, 로마의 신화까지 덧붙여 소위 '그리스로마 신화'를 완성했다.

로마로부터 유럽의 문명이 본격적으로 시작되고, 여러 나라로 분화되어 발전하여 그리스로마 신화는 서양인문학의 시작이 되었다. 중세 이후 서양 고전들은 사실 성경에 기반하고 있으나, 그 소재들은 여전히 '그리스로마 신화'의 캐릭터들이다. 이렇게 서양 인문학은 그리스로마 신화를 패러디하고 해석하며 재창조하면서 발전해 나갔다. 유럽의 문학 작품 중 성경과 더불어 그리스로마 신화의 캐릭터가 등장하지 않는 것은 거의 없다고 봐야 한다. 단테는《신곡》에서 지옥의 가장 깊은 곳에 예수님을 배신한 가룟유다와 카이사르를 배신한 브루투스와 카시우스를 위치시킨다. 독일의 문호 괴테는《파우스트》에서 욥기를 패러디하며, 신화 속 최고의 미녀 헬레네를 주인공 파우스트와 결혼시킨다. 이 서양고전 작품들은 서양이 주도하는 시대의 흐름을 따라 세계화되었고, 우리 모두의 교양이며 문화가 된 것이다.

서양고전은 신앙의 성장과
복음 전도에 큰 유익을 준다

옷감을 짜는 자신의 재능에 도취되어 신에게 도전했다가 거미가 된 아라크네, 도가 지나치게 자식을 자랑하다가 신의 분노를 사 자식을 모두 잃은 니오베의 이야기는 신화 속 교훈이 성경과 멀지 않음을 보여준다. 끝이 없는 욕망으로 대지의 여신 데메테르(케레스)의 정원까지 넘보다가 기아의 여신에게 인도되어 아무리 먹어도 만족할 수 없는 저주를 받았던 에리식톤. 그는 재산을 다 잃었을 뿐 아니라 딸까지 노예로 팔게 되었다. 그의 이야기는 돈과 권력과 쾌락에 대한 욕망으로 멸망해가는 우리에게 너무나 큰 신앙적 교훈을 준다. 그리스의 영웅 테세우스가 국민들을 위해 처치한 악당 중 하나인 프로크루스테스. 그는 지나가는 사람을 붙잡아 자신의 침대에 눕힌 후, 침대보다 짧으면 늘려서 죽이고, 길면 잘라서 죽였다. 자기 기준으로 남들을 재단하는 폭력을 담고 있는 이 이야기는 내로남불의 시대에 부활하여 산상수훈의 교훈을 연상시킨다.

테세우스는 이런 풍습을 없애고, 많은 이들에게 자유함을 준 영웅이었다. 사실 주님의 말씀이 성령과 더불어 우리를 프로크루스테스에게서 구원해 준다. 신화는 단순히 옛날이야기가 아니다. 종교가 없는 사람에게 뿐만 아니라, 그리스도인들에게도 신화로부터 기원하여 성경과 결합된 서양 고전은 지혜롭게 살아가는 길을 제공하는 인생의 길라잡이 역할을 한다.

나아가 서양 고전은 복음을 전하는 데 큰 유익을 준다. 서양 고전은 우리 모두의 공통언어다. 다른 사람과 처음 만나 대화할 때 공통의 지식과 배경을 바탕으로 시작하면, 서로의 거리를 좁힐 수 있지 않은가. 또한 더 깊은 관계로 나아갈 수 있게 된다. 이런 과정 속에서 우리는 신뢰를 쌓아가고 더 중요한 일치에 도달할 수 있다. 따라서 서양 고전은 세인들에게 하나님의 복음을 전하는 데 있어 접촉점이 되며, 더 깊은 일치를 위한 여정에서 소중한 도구가 될 수 있다. 서양 고전은 우리의 말할 거리, 서로를 통하게 하는 아교다. 욕망, 의심, 배신에 대해 말할 때, 죄에 대해서 말할 때 셰익스피어 4대 비극은 아주 좋은 소재가 된다. 우리는 셰익스피어를 통해 인간의 죄와 악한 세상에 대해 공감하고, 그 후에 복음의 효용에 대해 말할 수 있다.

예수님과 사도들도 그 이전 시대의 인문학적 고전의 요소들을 사용하여 복음을 전했다. 예수님은 당대 유대인들이 공유하고 있는 지식들, 유대인들의 역사와 헬라의 철학 등을 활용하여 하나님나라를 가르치셨다. 특히 유대인들이 사용하던 이미지와 이야기들을 통해 비유로 천국 복음을 전하셨다. 요한은 당대의 공통지식이었던 소크라테스와 플라톤의 이원론적 접근법을 통해 빛과 어둠, 위와 아래, 진리와 거짓, 생명과 죽음 등의 대조개념으로 예수님을 소개했다. 바울도 아테네에서 헬라인들의 정신을 지배하는 신화와 철학과 대조하여 복음을 선포한다. '바울이 아덴에서 그들을 기다리다가 그 성에 우상이 가득한 것을 보고 마음에 격분하여 회당에서는 유대인과 경건한 사람들과 또 장터에서는 날마다 만나는 사람들과 변론하니 어떤 에피쿠로스와 스토아 철학자들도 바울과 쟁론할새 (행 17:16~18)' 같은 방식으로 서양 고전은 세상 속에서 살아가는 우리의 신앙과 복음 사역에 큰 유익이 될 수 있다.

서양 고전 관통을 출발하며

이제 토머스 불핀치의 《그리스로마 신화》와 그 근간이 되는 오비디우스의 《변신이야기》, 신화로부터 초대형 서사문학을 창시하여 서양문학의 아버지가 된 호메로스의 《일리아스》와 《오디세이아》로부터 서양 고전 여행을 시작하자. 《소포클레스 비극》과 《아이네이스》는 이전 작품들을 재창조하며 문학적 완성도를 높여갔다. 로마는 그리스에서 시작된 물줄기에 기독교 신앙을 끌어들여 《신곡》을 낳고, 단테를 존경하는 마음으로 보카치오는 100개의 이야기를 《데카메론》에 담아 페스트로 혼란한 유럽 사회를 미래로 이끈다.

독자들의 서양 고전에 대한 지식과 해석 능력은 이 책을 통해 매우 창대해 질 것이라 기대한다. 총 4권으로 된 〈서양 고전 관통〉 1권을 마친다면, 2권의 작품들은 술술 읽힐 것이고, 3권과 4권은 누워서 떡먹기가 될 것이다. 4권의 여행을 마치면 세상 모든 문화 콘텐츠를 해석하는 힘을 소유하게 될 것이다. 팀 켈러 목사님이 말하는 문화 내러티브 분석에 힘이 생길 것이다. 처음부터 원전을 읽으려 하지 말고 이 책을 따라 여행하시라. 인물과 배경과 이야기들을 익히면 나중에 원전이 쉽게 읽히게 됨을 약속한다.

1권은 '서양고전의 시작'편이다. 《그리스로마신화》《변신이야기》《일리아스》《오디세이아》《소포클레스 비극》《아이네이스》《신곡》《데카메론》을 다룬다.

2권은 저자를 밝힐 필요가 없는 '고전 중의 고전'이다. 《돈키호테》《셰익스피어 4대 비극》《파우스트》《레미제라블》《죄와 벌》《카라마조프 형제들》《부활》이 이어진다.

3권은 '여성 고전'이다. 톨스토이의 《안나 카레니나》, 제인 오스틴의 《오만과 편견》, 샬롯 브론테의 《제인 에어》, 모파상의 《여자의 일생》, 플로베르의 《보바리 부인》, 나다니엘 호손의 《주홍글씨》를 골랐다. 여성들이 주인공이며, 주로 여성들의 시각에서 작품이 전개된다.

4권은 '필독 고전' 편이다. 생떽쥐페리의 《어린 왕자》, 헤르만 헤세의 《데미안》, 프란츠 카프카의 《변신》, 서머싯 몸의 《인간의 굴레》, 찰스 디킨스의 《위대한 유산》, 에밀리 브론테의 《폭풍의 언덕》, 조나단 스위프트의 《걸리버 여행기》를 나름 필독 고전으로 선택했다.

저자인 내가 수많은 시간 고민하며 고안한 방식으로 독자들에게 최소한의 시간으로 최대의 효과가 있기를 기대한다.

2023. 5.

이종필 목사

1장

이상주의자와 현실주의자의
유쾌한 모험

세르반테스《돈키호테》

(번역본 : 안영옥 역, 열린책들)

최초의, 가장 위대한,
이후 모든 소설들의 아버지《돈키호테》

러시아의 대문호 도스토예프스키는 '전 세계를 뒤집어봐도《돈키호테》보다 더 숭고하고 박진감 넘치는 소설은 없다'고 말했다. 고대 서사시-서정시-비극으로 이어지는 운문의 시대에서 이야기들의 모음집《데카메론》(1347)을 거쳐 라틴어가 아닌 자국어로, 운문이 아닌 산문으로 된 역사

세르반테스의《돈키호테》초판
(1605년) 표제지

상 첫 번째 본격적인 소설이자 어마어마한 분량을 자랑하는 작품이《돈키호테》다. 그래서 '모든 소설가는 어떤 식으로든 세르반테스의 자손들'이라는 밀란 쿤데라의 말은 아주 적절하다. '인간 내부 세계를 가장 깊이 파들어 가 묘사한 인류의 바이블'이라는 쌩트 뵈브의 말처럼 돈키호테는 장대한 산문으로 편력기사 돈키호테와 그의 시종 산초를 통해 인간 내면을 깊이 살펴볼 수 있는 인문학 고전 중 고전이다.

돈키호테와 산초라는 인물은 이상과 현실

사이에서 진동하는 인간 존재의 본질을 보여준다. 엄청난 분량을 차지하는 그 둘의 대화 중에 드러나는 메시지들은 또한 의미심장하다. 인간은 어떤 존재인지, 어떻게 살아야 하는지, 사회의 정치, 사법, 경제에는 어떤 문제가 있는지 등 많은 분야에 대한 의견이 다루어진다. 과연 문학은 그 나름의 세계관을 담고 있다. 그 세계관들을 긍정적으로 혹은 문제를 지적하는 방식으로 검토하는 것은 기독교인으로서 중요한 과제가 아닐 수 없다.

스페인-세르반테스-돈키호테

콜럼부스의 신대륙 발견으로 역사의 변방에서 중심으로 올라선 16세기 스페인은 펠리페 2세 시대에 세계제패라는 이상을 향해 영국으로 무적함대를 출격시켰으나 폭풍으로 괴멸된 이후 급격하게 쇠락하게 된다. 세르반테스의 삶은 마치 스페인의 급부상과 몰락의 시대를 반영한 듯 보인다. 그는 20대 초반의 어린 나이에 감옥에 가게 된다. 이탈리아로 도망쳐 출세를 위해 군에 입대하여 레판토 해전에서 오스만 투르크에게 승리를 거두었지만, 왼손을 잃어 일명 '레판토의 외팔이'가 된다. 이후 고향으로 돌아가다 태풍에 휩쓸려 투르크 해적의 습격을 받아 알제리에서 네 번의 탈출에 실패하고, 수사의 도움으로 극적으로 고향으로 돌아온다. 그는 작가로 변신했지만 인기를 누리지 못했고 50세에는 세금 징수원으로 일하다가 예금한 은행이 파산하여 8개월간 감옥생

《돈키호테》(안영옥 역, 2014년, 열린책들)

《세계인물대영사전》(1863년)에 삽입된 미겔 데 세르반테스의 판화

활을 한다. 조국의 몰락과, 몰락은 아니지만 풍랑이 멈추지 않는 인생을 경험한 그는 감옥에서 돈키호테를 구상했다. 전편과 속편을 완간하고, 얼마 후에 숨을 거둔다.

16-17세기에 걸친 스페인의 흥망성쇠와 작가의 모험적인 인생이 반영된 인물이 돈키호테라 할 수 있다. 그래서 돈키호테도 다양하게 해석된다. 세상을 아름답게 바꿔보겠다고 스스로 편력기사로 자처하지만 늘 실패하는 주인공 돈키호테는, 몰락하는 스페인처럼 이상과 유토피아를 향한 의지를 향해 나아가는 인간에 대한 회의를 드러내는 인물이라는 식의 해석이 가능하다. 정반대로 실패와 좌절로 점철되고 있으나 기사소설에 대한 비아냥이나 조소가 아니라, 현실을 넘어 더 나은 세상을 꿈꾸는 위대한 시도를 대변하는 위대한 인간상을 반영하는 인물이라는 해석도 역시 가능하다.

이상주의자와 현실주의자의 세 번의 모험이야기

보통《돈키호테》라고 하면 작가가 58세에 발간한 전편《기발한 이달고 돈키호테 데 라만차》와 10년 후인 68세에 발간한 속편《기발한 기사 돈키호테 데 라만차》를 합쳐서 부르는 명칭이다. '이달고'라는 말은 하급 귀족을 일컫는 말이다. 집을 떠났다가 집으로 돌아온 것을 기준으로 전편에는 두 번에 걸친 모험 여행이 기록되어 있고, 속편에 한 번 더 모험을 떠났다가 집에 돌아와 죽음을 맞이하는 것으로 내용이 구성되어 있다.

더 크게 보자면 전편은 한 시골 귀족 노인이 기사소설, 특히 《아마디스 데 가울라》를 보고 자신을 편력기사로 착각하여 혼자 모험을 떠났다가 큰 고초(?)를 겪고 돌아와서, 재산을 팔아 돈을 마련하고 시종 산초를 설득하여 함께 모험을 떠났다가 집으로 돌아오는 이야기이다. 속편은 학사 카라스코에게 속아 자신의 모험이 계속되어야 한다는 사명감을 갖게 된 돈 키호테가 집을 떠나 온갖 진기한 모험들을 하고 돌아와서 가족들과 마을 사람들에게 사과하고 재산을 나누어주고 죽음에 이르는 이야기다.

이 모험은 자신의 정체성을 기사소설의 위대한 영웅 아마디스 데 가울라에게 두고, 편력기사가 되어 이 세상을 바꿔 보겠다는 이상을 꿈꾸는 이상주의자 돈키호테의 인생이다. 그는 인간 군상들 중 소수에 해당하는 부류이다. 그러나 현실의 벽에 막혀 모험에 나서지 못하는 거의 모두가 꿈꾸는 인간상이기도 하다. 반면 자신의 이상을 위해 목숨을 바치고 싶어하는 인류의 일부를 대변한다.

반대편에는 그의 시종 산초가 있다. 그는 돈키호테의 옆에 붙어서 자신의 필요를 채우려는 철저한 현실주의자다. 산초는 전편에서 자신을 영주로 만들어 주겠다는 달콤한 유혹에 돈키호테를 따라 모험에 나섰다가 무지막지한 고초를 겪는다. 그는 속편에서 다시 모험을 떠나자는 돈키호테에게 매월 정기적인 급료를 보장해 달라고 요청하기까지 한다. 그는 모두가 하찮게 여기지만 대부분의 인간이 속하는 부류의 인간이다.

소설 《돈키호테》에서 돈키호테의 이상도 산초

기사도 로맨스 장르인 가울라의 《아마디스》(1533년)의 스페인어판 표제지

의 현실적 이익도 모두 무산된다. 돈키호테의 이상은 자신이 달성하기에 너무 멀었고, 그의 모험과 희생은 많은 사람들의 웃음거리가 되고 만다. 현실주의자 산초는 철저히 계산적이지만, 이상주의자보다 더 어리석어 보인다. 이상주의자에게 이용당하고 있으니 말이다. 그는 급료를 요청하지만 단호하게 거절하는 돈키호테의 기세에 눌려 모험에 동행하는데 구름 같은 이익을 따라가다가 아무 것도 얻지 못하고 끝난다. 세르반테스는 이 두 인물을 통해 결국 아무 이상도 현실적 이익도 얻지 못하는 우리 모두의 인생, 그 허무함에 대해 말하고 있는 것은 아닐까?

세르반테스와 셰익스피어

소설가 세르반테스는 극작가 셰익스피어(1564-1616)와 거의 동시대 인물이다. 세르반테스의 조국 스페인은 펠리페 2세 시절 무적함대를 이끌고 셰익스피어의 조국인 영국을 카톨릭화하려는 야망으로 침략했다가 패배하고 몰락의 길을 걸었다. 반면 영국은 급부상을 했다. 동시대를 살아간 이 둘의 운명은 묘하게 얽힌다.

급부상했다가 몰락하는 나라에서 굴곡진 삶을 산 세르반테스는 출간 당시 전편이 3만부가 팔리는 초대박을 치고, 여러 나라의 언어로 번역도 되고, 신대륙에까지 팔려나갔으며, 속편을 발간하기 전에 이미 가짜 속편들이 시중에 돌아다닐 정도로 인기를 누렸다. 많은 인기에도 불구하고 늘 가난에 시달렸지만 그는 코미디와 같이 재미있

동 시대를 살면서 1616년 같은 날 세상을 떠난 셰익스피어와 세르반테스.

는 《돈키호테》를 썼다.

반면 부상하는 나라 영국에서 살아생전에 이미 엄청난 인기를 누리고 부유한 삶을 살았다는 셰익스피어는 희극도 좀 썼지만 세상에서 가장 슬픈 비극들로 유명해졌다. 참 아이러니하다. 둘은 대단히 다른 삶의 궤적을 그렸지만, 세르반테스는 최고의 소설가가 되었고, 셰익스피어는 넘버원 극작가가 되었으니 많이 닮아 있기도 하다. 인생이 힘들고 어려울수록 세르반테스와 같이 즐거운 상상들을 하고, 인기를 누리고 잘 나갈수록 셰익스피어처럼 인생의 어두운 면을 돌아볼 수 있다면 누구나 힘겨운 인생을 잘 이겨낼 수 있지 않을까 생각해 본다.

복음 없는 이상주의자나 현실주의자는
결국 아무 것도 얻지 못하는 허무한 인생을 살아간다.
복음주의자로 살아가자

돈키호테는 극과 극으로 갈리는 다양한 해석이 존재하는 책이다. 하기야 독자가 마음대로 해석하는 것을 선호하는 포스트모던 사회 분위기에서는 돈키호테 뿐 아니라 모든 작품들이 같은 운명을 가지고 있을 것이다. 그럼에도 소설 《돈키호테》에 나오는 한 쌍의 인물, 돈키호테와 산초는 인류를 대표하는 두 인물이다.

줄스 데이비드의 <돈키호테와 산초 판사>(1887년)

돈키호테는 세상의 불의에 맞서 정의를 이루는 일에 모든 것을 바치는 이상주의자이며, 이상주의자보다는 훨씬 다수를 이루는 현실주의자 산초와 대조를 이룬다. 기사도 소설에 빠져 스스로 이룰 수 없는 이상을 따라 자신의 인생을 허비하는 돈키호테는 복음이 없는 세상에 소수로 존재하는 순수한 사람들이며 동시에 몽상가일 것이다.

산초는 지위와 부를 바라며 그것이 이루어지지 않을까 끊임없이 걱정하며 근심하는 인류의 다수를 차지하는 평범한 인간을 대변한다. 돈키호테형 이상주의자들은 현실주의자들이 정의감이 없고 현실에 매어 살아간다고 비난할 것이며, 산초형 인간은 이상주의자들을 손가락질하며 먹고 살 수는 있을까 하는 측은한 마음으로 혀를 찰 것이다. 그러나 두 인물 모두 자신들이 원하는 것을 결코 얻지 못할 뿐 아니라, 자신의 광기(돈키호테)와 욕망(산초)에 스스로 속아 무가치한 삶을 반복한다.

소설 《돈키호테》는 복음이 없는 세상에 존재하는 수많은 허망한 인생의 양면을 보여준다. 돈키호테는 산초에게 허황된 소망을 주입하며 자신의 꿈을 향해 함께 나아가자고 설득한다. 그의 말을 들어보자.

> 산초 판사여, 옛날 편력 기사들은 자기들이 손에 넣은 섬이나 왕국의 통솔자로 자신의 종자를 앉혔는데, 이는 그들의 관습이었네. 그런 좋은 관습을 나는 확실히 지킨다네. 아니, 오히려 그들보다 더 뛰어나고 싶다네. 옛 기사들은 흔히 종자들이 늙을 때까지 실컷 부려먹고 밤낮을 죽도록 고생시킨 후에야 어떤 산골이나 그와 비슷한 마을의 백작, 혹은 기껏해야 후작 같은 칭호를 주는 게 고작이었으니 말이야.
> 자네가 살아 있고 나도 살아 있으면 엿새 안에 왕국 하나쯤은 얻을 수 있을 거고, 그 왕국에 딸린 다른 왕국들도 얻을 수 있을 걸세. 그러면 자네를 그 왕국들 중 하나의 왕으로 앉히는 건 당연한 일이지. 내가 허풍이나 떨고 있다고 생각하지 말게. (전편 제1부 7장)

돈키호테는 이런 말을 수도 없이 반복하며 현실주의자의 욕망을 자극한다. 반면 산초는 엉뚱한 모험을 계속하며 자신과의 약속을 이루어주지 못할 것 같은 돈키호테에게 답답해한다. 그러면서도 자신에게 한 약속을 잊지 않도록 헛되이 상기시킨다. 답답해하는 산초의 말을 인용해 본다.

> 세상에, 〈슬픈몰골의기사〉 나리, 나리께서 하시는 말씀 중에는 참고 들을 수 없는 것들이 있습니다요. 그런 것을 듣고 있자니 나리께서 말씀하시는 기사도에 관한 것이며, 왕국과 제국을 손에 넣는 일이며, 섬을 저한테 주신다는 약속이며, 편력 기사들의 관습대로 다른 여러 가지 은사나 높은 직위를 주신다는 말씀이 모두 바람에 날려 가는 거짓이요 허풍이나 하여튼 그런 종류의 말이라는 생각이 듭니다요. (전편 제3부 25장)

그러나 돈키호테는 허황된 말로 산초를 붙잡아 놓는데 성공하는데, 그

1865년경 아돌프 몽티셀리가 그린 유화 《돈키호테와 산초 판사》

것은 산초의 허황된 욕망이 작동하는 한 계속 효과적이다. 산초는 이렇게 답답해하면서도 결코 자신의 욕망을 포기하지 못하고 끝까지 돈키호테를 따른다.

복음 없는 이상주의자와 현실주의자 커플은 의외로 많은 부부, 권력자와 참모, 사장과 사원 등의 인간관계 속에서 발견된다. 이들은 이상에 대한 허황된 의지와 현실에서 이루고자 하는 욕망을 거래하며 맞지 않는 듯 서로 관계를 지속한다. 인류는 이렇게 이상에 굶주리며, 현실을 욕망할 수밖에 없는 존재이다. 그러나 자신이 만들어낸 이룰 수 없는 그 이상이 헛된 꿈으로 허비하는 인생으로 만들며, 현실에 안주하려는 그 욕망이 우리의 삶을 허망하게 만든다.

바울은 이들 모두를 비판한다.

'그러므로 내가 이것을 말하며 주 안에서 증언하노니 이제부터 너희는 이방인이 그 마음의 허망한 것으로 행함 같이 행하지 말라 그들의 총명이 어두워지고 그들 가운데 있는 무지함과 그들의 마음이 굳어짐으로 말미암아 하나님의 생명에서 떠나 있도다 그들이 감각 없는 자가 되어 자신을 방탕에 방임하여 모든 더러운 것을 욕심으로 행하되'(엡 4:17-19)

복음 없는 인류가 끝없이 이상과 현실을 거래하며 허망한 삶을 사는 것은 하나님의 생명에서 떠나 있기 때문이다. 예수 그리스도로 인해 이 땅에 주어지는 하나님의 참된 생명만이 우리에게 참된 이상을 추구하며 그 이상에 도달하게 한다. 이것이 하나님 나라다. 참된 이상으로서의 '메시아를 통한 하나님 나라의 도래'를 약속하는 복음만이 이상에 굶주린 우리의 영혼을 채울 수 있다. 그리고 그 이상을 향해 변화된 심령으로 나아가는 자만이 현실의 욕망에서 현실에 필요한 것들을 선물로 받게 된다. 이것이 바로 산상수훈의 핵심이다.

'그러므로 염려하여 이르기를 무엇을 먹을까 무엇을 마실까 무엇을 입을까 하지 말라 이는 다 이방인들이 구하는 것이라 너희 하늘 아버지께서 이 모든 것이 너희에게 있어야 할 줄을 아시느니라 그런즉 너희는 먼저 그의 나라와 그의 의를 구하라 그리하면 이 모든 것을 너희에게 더하시리라'(마 6:31-33)

이상과 현실의 유일한 변증법적 합일이 바로 복음인 것이다.

1847년 이후 빌헬름 마르스트랜드가 그린 유화 <사거리에 선 돈키호테와 산초 판사>

하나님의 말씀으로 정체성을 삼고
살아가는 인생이 되자

평범한 하급 귀족의 삶을 살아가던 돈키호테는 기사소설을 통해 편력기사의 정체성과 소명을 갖게 된다. 그는 주변에서 아무리 자신에 대해 비웃어도, 아무리 큰 고초와 환난이 닥쳐도 결코 그 길을 포기하지 않는다. 오히려 자신의 관점으로 주변에서 일어나는 일을 해석한다. 풍차를 악한 거인으로, 양떼를 적군들로 여기고, 죄인들을 호송하는 이들을 악당으로 여기며 그들을 무찌르는 것을 사명으로 여기며 수많은 희생을 감수하며 살아간다. 속편 6장을 보면 돈키호테의 결연한 의지와 희생정신을 볼 수 있다.

> 그리고 더 알아야 할 것이 있으니, 훌륭한 편력 기사는 거인 열 명을 봐도 절대로 놀라지 않는다는 사실이라네. 이 거인들은 머리가 구름에 닿는 정도가 아니라 구름을 통과해 버리고, 엄청나게 큰 탑 두 개를 각각 다리로 사용하며, 두꺼운 팔은 막강한 배의 돛대를 닮았고, 거대한 맷돌 바퀴 같은 두 눈은 유리를 녹이는 용광로보다 더 이글이글거리는데도 말이지. 오히려 이런 거인들에게 우아한 태도와 무모할 정도의 용기로 덤벼들어 싸우는데 가능하면 순식간에 그들을 이겨 무너뜨린다네. 비록 그들이 다이아몬드로 만든 것보다 단단한 어느 생선의 등껍질로 무장하고, 칼 대신 다마스쿠스의 강철로 만든 날카로운 단검이나, 나도 두 번 넘게 본 적이 있는 뾰족뾰족한 무쇠 돌기가 달린 철봉을 무기로 지니고 오더라도 말이지.(속편 6장)

하지만 그의 편력기사의 정체성과 사명의식은 큰 의미를 갖지 못한다.

그의 정체성을 만들어내는 전제와 그가 가진 사명의식은 헛된 믿음에서 나온 것이기 때문이다.

돈키호테의 모든 시각과 행동은 과장되어 있다. 이것은 인간의 관점과 전제가 이 세상을 바라보는 시각을 결정한다는 것을 드러낸다. 그의 관점과 전제(믿음)에서 나오는 모든 해석(시각)으로부터 행동이 나온다. 돈키호테가 작중에서 우스꽝스러운 비현실적 인물로 그려지지만 사람들은 누구나 자신의 세계관 속에서 자신의 정체성을 규정하며, 거기에서 인생의 사명을 발견하며 살아간다. 성공하는 것을 사명으로 여기고 온갖 악한 방법을 동원하기도 한다. 부자가 되어 부러움을 받는 것을 목적으로 하여 돈을 좇아 살아가기도 하며, 인기를 누리기 위해 살기도 한다. 돈키호테에게 발견할 수 있는 문제는 그 정체성의 근원이 기사소설이었다는 것이며, 결과적으로 그의 소명이 허황된 이상이었다는 것이다.

> 결국 그는 이런 책들에 너무 빠져든 나머지 매일 밤을 뜬눈으로 꼬박 새웠고, 낮 시간은 멍하게 보냈다. 이렇게 거의 잠을 자지 않고 독서에만 열중하는 바람에 그의 뇌는 말라 분별력을 잃고 말았다. 기사 소설에서 읽은 전투나 결투, 부상, 사랑의 속삭임, 연애, 번민 그리고 있을 수도 없는 황당무계한 사건과 마법과 같은 모든 종류의 환상들이 그의 머리를 가득 채웠다. 그리하여 자기가 읽은 허무맹랑한 이야기들을 모두 진실이라 생각하기에 이르렀고, 마침내 이 세상에 그런 이야기보다 더 확실한 것들은 없다고 여기게 되었다.(전편 제1권 1장)

돈키호테는 기사소설을 통해 자신의 세계관과 정체성을 규정하고, 자신의 인생을 채울 일들을 결정한다. 그는 원래 그냥 '키하다'라는 이름을 가지고 있었는데, 기사의 이름 짓기 방식을 따라 '돈 키호테 데 라만차(라만차 출신의 높은 지체 키하다)'로, 자신의 말의 이름도 기사의 명마답게 로신이라는 이름에서 '로시난테'로, 기사가 충성을 바칠 귀부인으로 농촌 촌부 알돈사 로렌소를 '둘시네아 델 토보소(엘 토보소의 귀하신 둘시네아님)'로 고친다. 그가 기사소설에서 받은 영감과 정체성이 모든 것을 결정한다. 위대한 말을 타고, 세상의 불쌍한 이들을 구원하는 편력기사로, 귀부인 둘시네아를 위해 모든 충성을 바치는 삶을 살아간다. 돈키호테는 인간의 내면을 정확히 보여준다. 인간은 자신이 교육 받은 세계관 안에서 자신의 정체성을 삼고, 자신의 인생을 바치게 되어 있다.

그리스도인은 하나님의 말씀을 통해 세계관을 형성하고, 그 안에서 정체성을 세워가야 한다. 진정으로 중요한 일이 무엇인지 분별해야 한다. 성령이 인도하시는 방식으로, 소명을 따라 나가는 인생을 살아야 한다. 그렇지 않으면 사탄이 주는 세계관에 빠져 육신의 정욕, 안목의 정욕, 이생의 자랑을 따라 사탄의 소명을 위해 살아가게 된다.

> '이 세상이나 세상에 있는 것들을 사랑하지 말라 누구든지 세상을 사랑하면 아버지의 사랑이 그 안에 있지 아니하니 이는 세상에 있는 모든 것이 육신의 정욕과 안목의 정욕과 이생의 자랑이니 다 아버지께로 온 것이 아니요 세상으로부터 온 것이라 이 세상도, 그 정욕도 지나가되 오직 하나님의 뜻을 행하는 자는 영원히 거하느니라'(요일 2:15-17)

하나님께서 주시는 사명이 아니라 자신의 왕권과 부를 위해 인생을 바쳤던 사울을 보라. 그는 자신의 충신 다윗을 죽여야 할 적으로, 자신의 아들 요나단을 적과 내통한 자로 본다. 그의 세계관 안에서 진짜 적은 블레셋과 아말렉이 아니라, 다윗과 요나단, 다윗을 돕는 자들이다. 그의 인생은 허황된 적과 싸우다가 불행하게 죽는 것으로 마무리된다. 바울은 예수 그리스도를 만나고, 그 은혜의 복음과 사도로서의 부르심 안에서 인생을 살아간다. 복음을 전하는 일에는 조금도 아까워하지 않는다. 그의 인생이 영원히 가치 있는 인생이 되는 것은 바로 이러한 이유였다. 말씀으로 정체성을 삼고, 진정한 소명 가운데 살아가는 인생이 되자.

허망한 이상주의에서 벗어나 인간을 변화시키는 복음의 능력으로 세상을 변화시키자

돈키호테는 세상을 모든 불의에서 구원하겠다는 이상에 불탄다. 그는 세상을 변화시키려는 열망에 불탄다. 그러나 그의 모든 시도는 결코 아무 문제도 해결하지 못한다. 그의 이상이 아무리 숭고하다 할지라도 그의 모든 시도는 문제들을 더 악화시킬 뿐이다.

그는 집을 떠나 양치기 소년을 폭행하고 급료도 주지 않는 악한 농부를 만난다. 그를 호되게 혼내고, 급료를 주겠다는 약속을 받고, 이상을 이루어가고 있다는 기분에 젖는다. 하지만 그가 가고 나서 양치기 소년은 더욱 악한 현실에 처한다. 또 다른 장면에서 그는 죄수들을 호송하는 사람들 무리를 보면서 죄수들이 쇠사슬에 매어 현대식으로 말하면 인권을 유린당하는 것에 분노한다. 그래서 죄수들을 풀어준다. 하지만 현실에서는 죄수들의 악에 의해 돈키호테와 산초는 가진 것을 빼앗기고, 정의는 실현되지 않는다.

세상에서 정의와 평등을 실현하려는 이상주의는 결국 또 다른 권력자들의 욕망을 실현시키는 도구가 되었다는 점을 기억해야 한다. 부의 평등을 주장하는 막시즘은 결국 공산주의자들의 도구가 되었다. 정의를 추구하는 시도들은 종종 현재 권력자를 몰아내고, 또 다른 종종 더 악한 권력자들을 만들어내는 취약함을 드러냈다.

복음은 인간을 변화시킨다. 초월적인 성령의 역사는 제도나 체제 이전에 인간의 죄가 문제임을 직시하고 그 치명적인 죄로부터 벗어나게 한다. 따라서 인간의 이상이 완벽하지는 않지만 실현할 수 있는 가능성을 부여한다. 복음은 개인에게 참된 인생을 선물하며, 가정을 사랑 안에서 회복시키며, 건강한 모습의 공동체를 통해 서로 사랑하며 살아가게 한다. 복음은 실제적으로 사회를 변혁시키는 초월적인 능력이다.

돈키호테는 결국 고향에 돌아와 자신의 광기에서 벗어났고, 현실의 노인 키하다로 돌아와 자신이 가진 것을 나눠주고 죽는다. 자신의 소유를 나누는 것이야말로 제 정신으로 돌아온 키하다가 세상을 위해 할 수 있는 가장 아름다운 실천이었다. 작중에서 산양 치는 목자들에게 돈키호테가 이런 말을 한다.

> 옛사람들이 황금시대라고 일컬은 그 행복한 시대, 행복한 세기가 있었으니, 이는 황금이 우리가 사는 이 철기 시대에는 아주 비싼 반면 그 행복한 시대에는 힘들이지 않고 손에 넣을 수 있었기 때문에 황금시대라고 불렸던 게 아니라오. 그 시대에 살았던 사람들은 〈네 것〉, 〈내 것〉이라는 이 두 가지 말을 몰랐기 때문이라오. 그 성스러운 시절에는 모든 것이 다 공동 소유였소. … 시간이 갈수록 점점 더 악습이 늘어나자 그것을 막자고 편력 기사라는 게 생겨난 게지요. 처자들을 지키고 미망인들을 보호하며 고아

와 가난한 사람들을 구제하라고 말이오.(전편 제2부 11장)

그는 편력기사로 아름다운 세상을 이루는데 일조한 것이 아니라, 편력기사의 허황된 삶을 벗어나 자신이 가진 것으로 나눌 때 황금시대의 복원을 이룰 수 있었다. 이것이 바로 하나님나라의 모습을 닮은 초대교회 공동체의 존재방식이었다.

인간의 진보와 이상에 대한 환상은 인간을 잘못된 정체성에 물들게 하며, 수많은 헛된 시도들을 통해 결국 많은 피해를 입히며, 잘못된 결과를 가져온다. 자신들의 욕망을 최대한 포장하여 원대한 이상이라고 주장한 수많은 제국들은 결국 몰락한다. 그 과정에서 얼마나 많은 희생자들이 만들어졌는가!

다니엘은 그러한 제국주의와 진보에 대한 환상을 느부갓네살의 꿈을 해석하면서 드러낸다. 그리고 제국의 몰락과 영원한 하나님나라, 이를 이루는 메시아 예수에 대해 전한다.

'이 여러 왕들의 시대에 하늘의 하나님이 한 나라를 세우시리니 이것은 영원히 망하지도 아니할 것이요 그 국권이 다른 백성에게로 돌아가지도 아니할 것이요 도리어 이 모든 나라를 쳐서 멸망시키고 영원히 설 것이라. 손대지 아니한 돌이 산에서 나와서 쇠와 놋과 진흙과 은과 금을 부숴뜨린 것을 왕께서 보신 것은 크신 하나님이 장래 일을 왕께 알게 하신 것이라 이 꿈은 참되고 이 해석은 확실하니이다 하니'(단 2:44-45)

결국 복음의 능력으로 인간이 변화되었을 때, 그리스도를 닮은 하나님의 백성을 통해 하나님 나라가 이 땅에 세워지고, 예수 그리스도의 재림을 통해 하나님 나라는 영원히 모든 것 위에 서게 될 것이다.

돈키호테는 이렇게 말한다.

> 화가는 자기 예술로 유명해지고 싶으면 자기가 아는 가장 뛰어난 화가
> 들의 원화를 모방하려 한다네 … 보다시피 이치가 이러하니, 나의 친구
> 산초여, 나는 생각한다네. 아마디스를 가장 잘 모방하는 편력 기사야말
> 로 기사도를 완벽하게 성취하는 데 가장 가까이 갈 수 있으리라고 말일
> 세.(전편 제3부 25장)

그는 이렇게 말하며 편력기사를 본받으려 했다. 그러나 예수 그리스도
를 본받아 살아갈 때 하나님 나라가 우리에게 임할 것이다. 그 나라의 영
원한 삶이 우리에게 찾아올 것이다. 그렇게 하나님 나라의 풍요함으로 이
땅을 치유하는 곳이 바로 교회다.

> '교회는 그의 몸이니 만물 안에서 만물을 충만하게 하시는 이의 충만함
> 이니라'(엡 1:23)

세상을 바꾸는 편력기사?
하나님이 세우신 사사들이 세상을 바꾼다

많은 모험 중 돈키호테가 만난 교회 참사원은 허황된 모험에 빠져 있는
그에게 정신을 차리라고 권면한다.

> 그러니 돈키호테 나리, 자신을 애석해하시고 분별 있는 사람들에게로

돌아오십시오! 하늘이 어르신께 내리신 많은 기지를 잘 이용하시어 그 훌륭한 재주를 어르신의 양심을 위해서, 혹은 명예를 높일 만한 다른 읽을거리에 사용하도록 하십시오! 타고난 성향으로 인해 무훈이나 기사도와 관련한 책이 읽고 싶으시다면 성서에 나오는 '판관기'(사사기)를 읽으십시오.(전편 제4부 49장)

귀족에 재산도 좀 있고, 책도 읽을 수 있고, 불의에 헌신할 수 있는 돈키호테가 허황된 일에 미쳐 있는 것은 사실 아쉽다. 요즘도 뛰어난 재능을 가지고도 헛된 것을 위해 살아가는 이들이 너무나 많다. 돈키호테를 재해석한 뮤지컬《맨 오브 라만차》에 나오는 노래 〈이룰 수 없는 꿈(Impossible Dream)〉의 가사 일부를 보자. 이런 불가능한 꿈과 이상에 빠지는 것을 세상은 여전히 추앙한다.

《돈키호테》를 뮤지컬로 재탄생시킨 <맨 오브 라만차>는 1966년부터 브로드웨이에서 공연되었다.

불가능한 꿈을 꾸는 것

무적의 적수를 이기며

견딜 수 없는 고통을 견디고

고귀한 이상을 위해 죽는 것

잘못을 고칠 줄 알며

순수함과 선의로 사랑하는 것

불가능한 꿈속에서 사랑에 빠지고

믿음을 갖고 별에 닿는 것

또한 돈키호테를 속편의 모험에 끌여 들였던 학사 카라스코가 그의 죽음에 부쳐 남긴 비명을 인용해 본다.

그 용기가 하늘을 찌른

강인한 이달고 이곳에 잠드노라.

죽음이 죽음으로도

그의 목숨을 이기지 못했음을

깨닫노라.

그는 온 세상을 하찮게 여겼으니,

세상은 그가 무서워

떨었노라. 그런 시절 그의 운명은

그가 미쳐 살다가

정신 들어 죽었음을 보증하노라. (속편 74장)

어떤 면에서 보면 카라스코가 칭송한 이 돈키호테의 용기와 결단, 그의 탁월한 정신이 우리 인생에 필요하다. 그러나 중요하게 잊지 말아야 하는 것은 복음 안에서만 진정한 비전을 발견할 수 있다는 진리이다. 인생은 우리의 용기가 추구해야 할 진정한 목표와 이상이 필요하다. 복음 안에서 진정한 정체성 안에서 바른 소명의식을 가지고, 〈이룰 수 없는 꿈〉을 부르게 되길 소망한다. 하나님 나라를 위한 사명에 미쳐 이렇게 용기 있는 삶을 살았다고 기억되는 삶이 되길 소망한다.

편력기사가 세상을 바꿀 수 있는가? 주님 안에서 변화된 그리스도인만이 진정으로 세상을 바꿀 수 있는 꿈을 꾸고, 성령 충만함으로 그 꿈을 이룰 수 있다.

'그 후에 내가 내 영을 만민에게 부어 주리니 너희 자녀들이 장래 일을 말할 것이며 너희 늙은이는 꿈을 꾸며 너희 젊은이는 이상을 볼 것이며 그 때에 내가 또 내 영을 남종과 여종에게 부어 줄 것이며 내가 이적을 하늘과 땅에 베풀리니 곧 피와 불과 연기 기둥이라'(욜 2:28~30)

세상에 정의를 세우고 진정으로 새로운 현실을 만들어낼 수 있는 분은 메시아 예수 그리스도시며, 그를 따라 하나님 나라를 꿈꾸는 사람들이 돈키호테의 용기로 무장했을 때 세상에 진정한 소망이 생길 것이다.

1834년 존 메이시 라이트가 판화로 제작한 <돈키호테와 카라스코 공작>

'내가 붙드는 나의 종, 내 마음에 기뻐하는 자 곧 내가 택한 사람을 보라 내가 나의 영을 그에게 주었은즉 그가 이방에 정의를 베풀리라 그는 외치지 아니하며 목소리를 높이지 아니하며 그 소리를 거리에 들리게 하지 아니하며 상한 갈대를 꺾지 아니하며 꺼져가는 등불을 끄지 아니하고 진실로 정의를 시행할 것이며 그는 쇠하지 아니하며 낙담하지 아니하고 세상에 정의를 세우기에 이르리니 섬들이 그 교훈을 앙망하리라' (사 42:1~4)

《돈키호테》는 전편과 속편 두 권을 합친 작품이다.

전편은 4부 52장으로 나뉘어 있다. 홀로 모험을 떠나 기사 서임식을 하고 돌아오는 첫 번째 모험이야기, 본격적으로 시종 산초와 떠났다가 집으로 돌아오는 두 번째 모험 이야기로 구성되어 있다. 풍차와 싸우는 유명한 이야기는 바로 두 번째 모험에 속해 있다.

속편은 74장으로 전체가 세 번째 모험이다. 전편의 이야기가 이미 유명해진 상황에서 학사 카라스코와 공작 부부 등이 주인공을 이용해 즐거움을 얻으려고 속임수를 쓰고, 돈키호테가 다시 산초와 모험을 떠나게 된다. 그리고 집으로 돌아와 재산을 나누고 죽음을 맞이하는 내용으로 되어 있다. 산초가 영주가 되어 통치하는 이야기는 바로 세 번째 모험에

1863년 귀스타브 도레의 판화 <돈키호테와 산초 판사>

속해 있다.

모험을 떠나기 전과 첫 번째 모험(전편 1~6장)

주인공 돈키호테는 스페인 라만차의 한 마을에 사는 알론소 키하다라는 쉰을 넘긴 시골 노인이었다. 그는 이달고(그리 높지 않은 귀족 작위)라는 신분에 어울리는 유유자적한 삶을 살고 있었는데, 당시 유행하던 기사도 소설에 빠져 그만 미치게 되어 편력기사가 되기로 결심한다. 그의 모델은 아마디스 데 가울라였다. 그는 자신을 부정과 불의에 대항하여 정의를 세우는 기사라고 믿으며, 불쌍한 사람들을 구원하기 위해 모험에 나선다. 자신의 이름은 기사답게 '돈 키호테 데 라만차(라만차 출신의 귀족남자 키호테)'라고 고친다. 이웃 마을의 촌스런 여자 알돈사는 기사가 충성을 바치는 대상인 공주로 격상시켜 '둘시네아 델 토보소'라고 부르게 된다. 자신을 투구와 갑옷으로 무장하고, 삐쩍 마른 자신의 말에도 '로시난테'라는 이름을 붙이고 모험 길에 오른다. 모두 자신의 상상 속에서 일어난 신분의 변화(?)였다.

첫 번째 모험에서 그는 객줏집 주인에게 기사 서품식을 부탁한다. 주인은 웃음거리를 삼을 셈으로 서품식을 해 준다. 주인공은 감격의 눈물을 흘린다. 그는 길을 가다가 소년과 주인을 만난다. 소년이 농부에게 매를 맞고 있었다. 돈키호테는 정의감으로 농부에게 창을 들이대며 아

1902년 윌리엄 스트랭이 《돈키호테》 삽화로 그린 둘시네아

이에게 9달치 급료를 주라고 명령했다. 그러나 돈키호테가 간 이후 아이는 여전히 매를 맞았고 문제는 전혀 해결되지 않았다. 본인만 감격에 겨워했다.

다시 길을 가다가 톨레도의 비단 장수 일행과 마주쳤다. 돈키호테는 그들을 편력기사들로 착각하고, 자신의 공주 둘시네아를 최고의 여성으로 고백하라고 으름장을 놓는다. 그리고 자신이 사랑하는 공주를 멸시했다고 생각하고 그들에게 달려들었다가 호되게 당한다. 만신창이가 된 그는 마을 사람에게 발견되어 집으로 돌아온다.

책 때문에 미쳐버린 삼촌 돈키호테를 안타깝게 여긴 조카딸이 가정부와 마을 신부 페레스, 이발사 니콜라스와 함께 수많은 책들을 태워버린다. 가정부는 책들을 마법사가 태웠다고 거짓말을 한다. 남은 책 중 하나가 《아마디스 데 가울라》였다. 주인공은 기사소설의 세계관에서 벗어나지 못하고 마법사 이야기를 믿는다. 그리고 편력기사로서의 삶을 준비한다.

두 번째 모험(전편 7~52장)

주인공은 다시 편력기사의 모험을 떠나기 위해 준비한다. 그러던 중 약간 부족한 농부인 산초 판사를 만난다. 그는 섬의 영주가 되어 다스리게 해 주겠다는 약속을 믿고 돈키호테의 종자가 되어 집을 떠나기로 한다. 돈키호테는 재산을 팔아 돈을 마련하고, 방패를 빌리고 투구도 손질해서 출발한다. 돈키호테는 자신의 몸을 돌보지 않고 꿈을 향해 모험한다.

그는 길을 가다가 풍차들을 보고 악한 기사소설에 나오는 거인들로 착각한다. 산초는 거인들이 아니라 풍차라고 말리지만, 돈키호테는 산초가 두려워서 잘못 보는 것이라고 믿는다. 바람이 강해지고 풍차가 돌기 시작한다. 그는 거인에게 달려들어 크게 다친다. 로시난테도 상처투성이가 된다. 그는 만신창이가 되어 길을 가다가 암말들의 냄새에 유혹된 로시난테가 마부들에게 몽둥이로 맞는 황당한 일을 겪는다. 돈키호테는 마부들에게 덤볐다가 봉변을 당한다.

그는 몸을 회복하기 위해 여관에 머물게 되는데 여관을 성으로 착각한다. 그리고 성의 공주가 멋진 자신에게 와서 사랑을 구할 것이라는 망상에 빠진다. 그러나 자신은 둘시네아에게 충성을 맹세했기 때문에 절대 유혹에 넘어가지 않겠다고 다짐한다. 여관에서는 실상 마부와 주막집 딸이 쾌락을 위해 헛간에서 만나려는 약속이 되어 있었는데, 그 딸이 깜깜한 밤에 돈키호테가 있는지 모르고 지나가자, 돈키호테는 자신에게 온 줄로 착각한다. 쾌락의 기회를 놓친 마부는 그를 호되게 두들겨 팬다. 돈키호테와 산초는 여관을 떠난다.

길을 가던 중에 거대한 흙먼지가 일어나는 것을 본 돈키호테는 드디어 때가 왔다고 생각한다. 기사들과 거인들이 서로 맞서 싸우고 있으며 자신이 악당들을 무찌르면 위대한 기사로 칭송받게 될 것이라 생각한다. 양떼는 마법사가 둔갑시킨 군대라고 믿는다. 양떼를 무차별 공격하던 돈키호테는

1910년 출판된 제임스 볼드윈의 《어린이를 위해 다시 쓴 돈키호테》삽화 중 '풍차와 싸우는 돈키호테'

양치기들에게 돌로 얻어맞고 뼈가 부러지고 이빨도 빠진다.

그들은 어두운 길을 가다가 불빛을 본다. 어둠에 휩싸인 들판 장례행렬이었다. 주인공은 갑자기 관 속에 있는 이의 원수를 갚아야 한다고 달려들고 행렬은 난장판이 되고 만다. 이후 그들은 쇠사슬에 매어 끌려가는 죄수들을 만난다. 주인공은 사람들의 목에 사슬을 맨 호송인들이 나쁘다고 덤벼들었다. 죄수들은 사슬을 풀고 도망쳤고, 돈키호테는 죄수들이 던진 돌에 맞아 쓰러지고, 산초는 한 죄수에게 나귀마저 빼앗긴다.

시에나 모레나 산에 도착한 돈키호테는 그 장소가 기사를 위한 고행 장소로 딱 맞는다고 생각한다. 아마디스 데 가울라 같은 기사들은 고행을 하면서 기사도를 닦았던 것이다. 그는 큰 소리로 고함을 지르고 기행을 계속한다. 그리고 둘시네아 공주에게 자신이 그녀를 위해 하는 고행을 담아 편지를 쓰고, 주인에게 질린 산초는 공주에게 편지를 전하겠다는 핑계로 고향으로 돌아가려 한다. 산초는 편지를 들고 로시난테를 타고 출발했다. 산초는 마음이 아팠다. 비쩍 마른 돈키호테가 걱정되었다.

한편 신부 페레스와 이발사 니콜라스는 돈키호테가 기행을 멈추고 고향으로 돌아오게 하기 위해 계획을 짠다. 어려움에 처한 아가씨와 시종으로 분장하여 도움을 간청하기로 하고 돈키호테를 찾아 나선다. 중간에 편지를 빠트리고 온 산초를 만나 함께 돈키호테에게 간다. 가던 길에 실연의 아픔을 당한 카르데니오라는 남자를 만난다. 그는 바람꾼 친구 돈 페르난도의 계략 때문에 사랑하는 여인 루스신다를 빼앗기고 방랑의 삶을 살고 있었다. 여기에 돈 페르난도에게 순결을 빼앗기고 버림 받은 도로테아라는 여인까지 만나 서로 사연을 나누고, 그녀를 미코미콘 왕국의 공주라고 속여 돈키호테에게 구원을 요청하기로 한다. 여러 일들로 만신창이가 된 돈키호테는 마을 친구 페레스 신부와 이발사 니콜라스와 산초에 의해 우여곡절 끝에 짐승우리에 갇혀 고향으로 돌아온다.

세 번째 모험(속편 1~74장)

속편은 전편에서 집에 돌아온 돈키호테가 한 달쯤 집에서 쉬다가, 세 번째 모험을 떠나는 내용으로 시작한다. 속편은 돈키호테와 산초의 전편 모험들이 책으로 출판되어 호평을 받았고 세상 사람들이 모두 이 두 사람의 모험을 알고 있는 상황에서 시작한다. 사람들은 돈키호테의 기행을 우습게 여기며 즐거워한다. 돈키호테가 세 번째 모험을 하는 중에 돈키호테 속편이 이미 위작으로 시중에서 읽히고 있었다. 속편은 카라스코 공작을

1823년 에드워드 호크 로커가 《스페인 풍경》(1826년) 193면에 그린 엘 토보소 마을

비롯해 많은 인물들이 망상에 빠진 돈키호테를 골탕 먹이면서 즐기려는 계획 하에 이루어진 이야기들이 대부분이다.

주인공이 집에 돌아온 지 보름 정도가 지났다. 돈키호테는 여전히 망상에서 빠져 나오지 못하고 있었다. 돈키호테의 망상을 자극하여 재미를 얻으려는 카라스코 공작이 주인공을 찾아왔다. 이미 있었던 모험을 알고 있던 카라스코가 와서 무용담이 잘 팔리고 있다며 속편을 만들어도 될 것이라 이야기한다. 돈키호테는 고무되어 속편을 위해 기사 수업을 떠나겠다고 선언했다. 주인공은 먼저 둘시네아 공주를 만난 후 모험을 떠나고 싶어 한다. 그러나 산초 판사는 둘시네아를 만난 적도, 집이 어딘지도 모르고 있었다. 그는 편지를 전해주지 않은 것이 탄로 날까 노심초사한다. 산초는 마침 토보소 쪽에서 자기들 쪽으로 오고 있는 세 명의 시골 여인들이 둘시네아 공주와 두 명의 하녀들이라고 우긴다. 돈키호테는 공주가 마법에 걸려 시골 여인으로 변했다고 믿고, 그녀를 위한 충성을 맹세하고 사라고사로 결투를 위해 떠난다.

10년 뒤 출간된 《돈키호테》 2권 삽화

그는 먼저 용감한 거울의 기사와 만나게 된다. 거울의 기사는 사실 카라스코 공작으로 돈키호테와 결투를 신청하면 쉽게 이길 것이라고 생각한다. 그러나 어설픈 거울의 기사는 어이없이 패배하고 돈키호테는 의기양양하여 자신이 더욱 위대한 기사라고 믿게 된다. 그의 망상은 점점 심각해져 왕에게 선물로 진상되기 위해 수레에 실려 가는 사자 한 쌍과 결투를 신청한다. 사자들이 결투에 관심을 보이지 않고 우리에서 나오지 않자, 자신이 사자를 이겼다고 생각하며 자신을 사자의 기사라고 칭한다.

돈키호테가 미쳤다고 생각하고 그를 통해 즐거움을 추구하던 한 공작 부부가 새로운 계획을 세운다. 그들은 둘시네아가 마법사에게 고통당하고 있다고 속이고, 악마의 복장을 한 전령을 보내 마법사 부대가 찾아올 것이라고 경고한다. 그리고 둘시네아에게 걸린 마법을 풀려면 산초가 엉덩이 3,300대를 자발적으로 맞아야 한다고 강요한다. 산초는 처음에 거부하다가 섬의 영주가 되게 해 주는 조건으로 수락한다. 수염을 붙인 백작 부인은 마법사가 자신들에게 수염이 나게 했으며, 돈키호테가 결투를 위해서는 목마를 타고 날아가야 한다고 말한다. 돈키호테와 산초는 움직이지 않는 목마를 타고 자신들이 날고 있다고 착각하여 웃음거리가 된다.

산초는 약속대로 1,000명 정도 되는 섬의 영주로 부임한다. 사실 이 모든 일은 공작 부부가 꾸민 일이었다. 산초는 환영을 받지만 독살을 조심해야 한다는 구실로 아무 것도 먹지 못하게 되고, 재판과 법을 만드는 일에 시달리다가 스스로 영주 자리를 내 놓고 돌아온다.

둘은 성을 떠나 여행하다가 도적떼를 만난

스페인 마드리드 에스파냐광장에 있는 돈키호테와 산초 판사 동상다. 그들은 돈키호테를 알아보고 같이 지낸다. 돈키호테는 그들에게 도적질을 그만두라고 권한다. 그들은 함께 바르셀로나로 가게 되고 거기서 자신들을 환영하는 무리를 만난다. 사실 이 무리는 돈키호테의 소식을 들은 사람들이 골려주기 위해 꾸민 것이었다. 그들은 한 인쇄소에서 돈키호테 속편 위작을 보고 화를 낸다. 소설과 작가 세르반테스가 당한 실제 일이 혼재된 부분이다. 어느 날 아침, 은빛 달이 그려진 방패를 든 기사로 변장한 카라스코가 돈키호테를 집으로 데리고 가기 위해 나타났다. 그는 자신이 모시는 공주가 둘시네아보다 예쁘다고 자극하며 결투를 신청한다. 결국 은빛 달의 기사가 승리하고 돈키호테는 집으로 돌아왔다.

돈키호테는 쇠약해져 고열에 시달렸다. 그는 제정신으로 돌아와 있었다. 그는 가족과 친구들을 불렀다. 그는 자신이 돈키호테가 아니라고 인정하며, 자신이 부질없는 세월을 보냈다는 것을 인정했다. 그는 사람들에게 사과하고 산초와 사람들에게 재산을 나눠주었다. 마지막 임종을 앞둔 돈키호테에게 산초는 어서 일어나 다시 편력 기사의 모험을 떠나자며 오열한다.

02장

인간 세상의 민낯을 드러내다

셰익스피어 《셰익스피어 4대 비극》

햄릿·오셀로·맥베스·리어왕

그 중에 제일은 셰익스피어(1564~1616)다

'사느냐 죽느냐 그것이 문제로다(To be or not to be, that is the question)'《햄릿》의 이 대사를 모르는 사람은 거의 없을 것이다. 셰익스피어는 그만큼 대중적이며, 기억하고 싶은 명대사를 수도 없이 남긴 작가다. 그의 유쾌한 사랑이야기《한 여름 밤의 꿈》중 라이샌더 대사는 너무나 뼈 때리는

진리다. '진실한 사랑의 과정은 결코 순조롭게 진행된 적이 없었지(The course of true love never did run smooth).' 또한 헬레나의 대사는 너무나 시적인 아름다움을 품고 있다. '사랑은 눈이 아니라 마음으로 보는 거야. 그래서 날개 달린 큐피드는 장님으로 그려지는 거겠지(Love looks not with the eyes, but with the mind. And therefore is winged Cupid painted blind).'

1610년 존 테일러가 유화로 그린 윌리엄 셰익스피어의 초상

스페인에 세르반테스, 독일에 괴테, 프랑스에 위고가 있다면 영국에는 셰익스피어가 있고, 그 중 제일은 셰익스피어라 할 수 있다. 그는 잉글랜드에서 태어나 엘리자베스 여왕 시대에 급격히 팽창하던 도시 런던에서 본격적으로 작품 활동을 시작하여, 생전에 이미 영국 최고의 극작가 지위에 올라 많은 것들을 누렸다. 이렇듯 그의 작품이 가장 많이 읽히며 가장 큰 영향력을 미치는 이유는 무엇일까? 개인적인 생각이지만 셰익스피어 작품들은 짧고 쉬우면서도, 모두가 공감하는 주제를 다루며, 작중 인물의 대사를 통한 심리묘사가 탁월하며, 주옥같은 시적 대사들이 매력적이기 때문이다. 또한 그는 서양 고전을 바탕으로 작품을 썼으나 괴테나 위고, 도스토예프스키 같은 근대 유럽의 작가들과 비교하여 고전과 역사에 대한 사전 지식이 없어도 비교적 쉽게 읽히는 작품을 썼는데, 이것이 그가 사랑을 받는 중요한 이유라고 할 수 있다. 쉬우면서도 깊이 있고, 매우 사실적이면서도 예술적으로 자신의 일을 한다는 것이 얼마나 어려운 일인가? 엘리자베스 여왕은 '영국은 넘길 수 있어도 셰익스피어는 못 넘긴다'는 유명한 말을 남겼는데, 이 한 마디로 셰익스피어가 왜 논박할 수 없는 넘버원인지가 증명된 셈이다.

성경과 고전의 바탕 위에 세워진 높고 견고한 성

셰익스피어는 어릴 때 부유한 상인이었던 아버지의 가세가 기울어 교육을 많이 받

1623년 출판된 전집인 《윌리엄 셰익스피어의 희극, 역사 및 비극》(퍼스트 폴리오) 표제지

을 수 없었다. 당시 유럽에는 이미 대학들이 많이 있었는데, 그는 대학을 다닐 수도 없었다. 그가 귀족 신분이 아니어서 였는지, 극작가로 성공한 이후에도 '대학을 못나온 사람'이라는 비난을 받기도 했다. 하지만 그는 어린 시절부터 성경과 고전을 통해 읽기와 쓰기를 배웠다고 한다. 언제나 최고의 고전이었던 《성경》과 그리스신화를 집대성하여 로마의 건국과 연결한 오비디우스의 《변신이야기》를 읽으며 그의 문학적 상상력은 무한대로 확장되었다.

그의 불후의 명작 《로미오와 줄리엣》은 《변신이야기》에 나오는 '피라모스와 티스베' 이야기에서 왔으며, 《한 여름 밤의 꿈》에는 직공들이 '피라모스와 티스베' 이야기를 공연하는 장면이 나온다. 이외에도 그의 많은 작품들이 서양 고전을 바탕으로 창작되었다.

한편 그의 많은 작품들, 특히 그의 비극들은 모두 성경에서 주제를 얻었다. 고대 그리스 비극작가 소포클레스의 《오이디푸스 왕》같은 작품 속에서 주인공들이 겪는 비참한 결말은 대부분 인간에게 주어진 운명, 신의 저주가 담긴 신탁 때문이다. 그러나 셰익스피어 비극 속에서 주인공들이 겪는 파멸은 모두 자신과 주변 사람들의 죄가 어우러져 만들어낸 필연적인 결과다. 탐욕과 질투, 거짓과 기만, 열등감과 어리석은 판단으로 주인공들은 파멸한다. 자신뿐만 아니라 주변의 사랑하는 사람들까지도 불행한 결말을 피하지 못한다. 그의 비극에 나오는 인물들은 성경의 비극적 인물들과 많이 닮아 있으며, 성경이 말하는 인간의 죄의 본성을 구체적으로 드러낸다.

《셰익스피어의 4대 비극: 햄릿, 오셀로, 맥베스, 리어왕》(김민애, 한우리 역, 2020년, 더스토리)

그 비극 작품들은 성경과 고전의 바탕 위에 세워진 높고 견고한 성이다. 사람들은 누구나 자신을 이해하고 싶어 하며, 자신의 내면과 세상에서 일어나는 수많은 끔찍한 문제들에 대해 답을 얻기를 원한다. 그의 작품은 성경과 고전을 버무려 우리 자신과 세상을 이해할 수 있도록 내어놓은 최고의 만찬이다. 특히 인간의 죄가 만들어내는 비극적인 세상의 현실을 깨닫고 답을 고민하도록 도와주는 최고의 교과서이다.

천재만이 이해할 수 있는 진리를 모두가 알 수 있게 풀어낸 진짜 천재

그는 천재다. 인간의 악한 본성이 개인의 삶을 넘어 세상 전체에 야기하는 복잡한 문제들을 이토록 쉽고 정확하면서도 계속 보고 싶도록 예술적으로 아름답게 구성했으니 말이다. 그는 이념이나 사상을 아무도 이해 못하게 어렵게 전달하는 나 홀로 천재가 아니다. 하나님의 형상으로서의 인간의 가능성과 동시에 하나님을 대적하는 죄의 본성 때문에 스스로 파멸하는 인간과 세상의 민낯을 있는 그대로 그려낸다.

특히 4대 비극은 우리 안에 있는 죄와 연약함을 다룬다. 삼촌의 거대한 탐욕과 죄악 앞에서 갈등하는 햄릿, 욕망의 노예가 되어 죽음을 자초하는 영웅 맥베스, 어리석은 판단으로 파멸하는 리어왕, 성공과 사랑을 모두 이뤘으나

스트랫퍼드의 홀리트리니티교회 내 셰익스피어 기념비

열등감에서 나오는 질투와 의심으로 몰락하는 오셀로. 이 작품들은 결코 하나님 없이는 죄로 파멸할 수밖에 없는 인생의 본질을 그려낸다.

그의 흉상 아래 다음과 같은 글귀가 새겨져 있다. '판단은 네스터와 같고, 천재는 소크라테스와 같고, 예술은 버질과 같은 사람. 대지는 그를 덮고, 사람들은 통곡하고, 올림포스는 그를 소유한다.'《일리아스》에 나오는 가장 현명한 판단력의 소유자 네스토르(영어로 네스터), 가장 위대한 천재 철학자 소크라테스, 로마 시대 최고의 천재 시인 베르길리우스(영어로 버질)의 위대함을 한 사람에게 헌정한 이 글귀는 결코 과장이 아니다.

인간의 본성은 죄이며,
이 세상을 망가트리는 모든 문제의 본질은 바로 죄다

햄릿

셰익스피어 4대 비극에 등장하는 모든 인물들이 겪는 비극은 전적으로 인간의 죄로부터 시작된다. 주인공들은 하나님과 단절된 영적 고아로서 영혼의 결핍으로부터 오는 온갖 두려움과 허무함을 욕망을 통해 채우려 한다. 이것이 인류가 만들어내는 모든 비극의 근원이다. 흔히 우리는 세상에서 벌어지는 온갖 끔찍한 일들을 왜 하나님이 막지 않으시는가 탄식한다. 하나님이 막지 않으시는 것이 아니라 자유의지를 가지고 있는 인간이 스스로 수많은 문제를 만들어내는 것이다. 하나님은 때로 오래 참으며 인간의 회개를 기다리시며 때로 악인들을 심판하심으로 죄의 참혹한 결과를 보여주신다.

1893년 페드로 아메리카가 그린 유화 <햄릿의 환영>

햄릿 왕을 죽인 동생 클로디어스는 권력에 대한 욕망으로 형을 죽인다. 그는 아버지의 죽음을 슬퍼하는 조카 햄릿에게 하나님과 신앙까지 이용하여 자신의 죄를 덮고, 아버지의 죽음을 잊게 만들려 한다. 클로디어스는 이렇게 말한다.

> 아버지를 그토록 애도한다는 것은 참으로 아름답고 가상한 성품이다. 그러나 알아두어야 할 것은 네 아버지도 아버지를 여의셨고 그 아버지 또한 아버지를 여의셨다는 사실이다. 그리고 뒤에 남은 자는 자식 된 도리로 어느 기간 상중을 지키는 거야. 그렇다고 언제까지나 비탄에 잠기는 것은 신을 모독하는 고집이다. 또한 대장부답지 못한 일이다.

> 이는 하늘을 거역하는 불손함일 뿐 아니라 마음속에 신앙심도 인내심도 없으며 분별과 교양이 없는 자임을 드러내는 일이야. 죽음을 피할 수 없다는 것은 누구나 다 알고 누구나 보고 들을 수 있는 일처럼 당연한 일인 것을, 그것을 왜 굳이 슬퍼해야 한단 말이냐? 쯧쯧. 그것은 하나님과 고인에게 죄가 되는 일이요, 자연의 도리와 이성에도 어긋나는 것이다.

> 이성에 비추어 보건대 어버이의 죽음은 평범한 일이다. 태초에 인간이 죽음을 당했을 때부터 오늘 죽은 이에 이르기까지 '죽음만은 피할 수 없다.'고 이성은 외치고 있지 않느냐.(제1막 제2장)

사람이 어디까지 악해질 수 있을까? 자신의 죄악을 덮기 위해 하나님을 믿는 신앙까지도 이용하는 죄악이 우리 안에 있음을 기억해야 할 것이다. 바리새인들은 자신들의 죄를 덮기 위해 율법과 하나님의 말씀을 이용했다. 예수님은 그들이 회칠한 무덤과 같다고 일갈하신다.

'화 있을진저 외식하는 서기관들과 바리새인들이여 회칠한 무덤 같으니 겉으로는 아름답게 보이나 그 안에는 죽은 사람의 뼈와 모든 더러운 것이 가득하도다'(마 23:27)

에스겔 선지자는 회칠한 담을 허물고 기초를 드러낼 것이라고 예언했는데, 클로디어스의 죄는 햄릿 왕의 혼령을 통해 드러나고 자신의 죽음으로 귀결된다.

'회칠한 담을 내가 이렇게 허물어서 땅에 넘어뜨리고 그 기초를 드러낼 것이라 담이 무너진즉 너희가 그 가운데에서 망하리니 나를 여호와인 줄 알리라'(겔 13:14)

오셀로

주인공 오셀로 장군의 부관으로 승진하지 못한 이아고는 억울한 마음에 큰 비극을 만들어낸다. 그는 뛰어난 인간 이해를 바탕으로 치밀하게 일을 진행시키지만, 그의 머리는 오직 죄를 위해 봉사할 뿐이다. 그는 오셀로에게 사랑을 빼앗긴 귀족 로더리고의 질투심을 이용하여 오셀로의 사랑에 흠집을 내기 시작한다.

이아고〉
그녀(데스데모나)의 아버지(브러밴쇼)를 불러내요. 그놈(오셀로)의 잠을 깨우고, 뒤쫓아 가서 기쁨을 망쳐놓고, 길거리에서 그놈의 행실을 까발려요. 그녀의 친척들을 자극해. 그놈이 행복한 기분에 빠져 있다 하더라도 파리 떼로 괴롭혀야지. 한껏 기쁨에 넘쳐 있겠지만. 성가시게 굴고 괴롭혀야지. 그 기쁨이 조금이라도 줄어들 수 있을 테니까.

로더리고〉

여기가 그녀 아버지 집이야. 내가 큰 소리로 불러보겠네.

이아고〉

그러시죠. 겁에 질린 어조로 무섭게 고합치는 겁니다. 한밤중에 부주의로 사람 많은 혼잡한 도시에서 불이 났을 때처럼.

로더리고〉

이보세요, 브러밴쇼 님! 브러밴쇼 의원님, 여기요!

이아고〉

잠에서 일어나세요! 이보세요, 브러밴쇼 님! 도둑이야, 도둑! 집 안을 살펴보시고, 따님과 돈지갑을 조심하세요. 도둑이야, 도둑!(제1막 제1장)

그는 자기 대신 부관이 된 캐시오에게 술을 먹게 하고, 로더리고를 이용해 시비를 걸게 한다. 술이면 이성을 잃어버리는 남자 캐시오의 연약함을 이용하여 그의 평판을 악화시킨 것이다. 그리고 오셀로의 아내 데스데모나가 백인인 캐시오와 외도하는 것처럼 의심을 불러일으킨다. 그 과정에서 이아고는 순박한 자신의 아내 에밀리아까지 이용한다. 결국 그는 오셀로가 아내를 의심하게 만들어 파멸에 이르게 한다. 그러나 이아고는 정작 이 악한 계략을 통해 얻은 것이 아무 것도 없다. 이 끔찍한 일에 자신이 이용당했다는 것을 알게 된 순수한 아내 에밀리아가 남편의 죄를 폭로하고, 이아고는 어쩔 수 없이 아내를 죽이게 된다. 이아고의 치밀한 계략은 아내를 비롯해 모든 것을 잃게 만들었다. 이아고는 매우 똑똑한 사람이었으나, 탐욕이 그의 지혜를 우매한 것으로 바꾸어 자신을 멸망하게 만들었다.

'탐욕이 지혜자를 우매하게 하고 뇌물이 사람의 명철을 망하게 하느니

라'(전 7:7)

리어왕

리어왕의 두 딸 고너릴과 리건은 아버지의 땅을 차지하기 위해 감언이설로 그를 속인다. 글로스터 백작의 서자 에드먼드는 유산을 차지하려는 욕망을 위해 형을 모함한다. 결국 그들은 자신들의 유익을 위해 온갖 악행을 일삼지만, 자신들의 욕망 때문에 죽는다. 고너릴과 리건은 에드먼드를 놓고 사랑을 경쟁하다가 비참한 결말을 맞는다. 아버지와 형을 속이고 유산을 노리던 에드먼드도 결국 형에게 죽는다.

'모든 사람이 죄를 범하였으매 하나님의 영광에 이르지 못하더니'(롬 3:23)

죄는 하나님과의 단절이며, 그 결과는 마음의 질병이다. 누구나 죄를 짓고 싶어 하지 않지만, 하나님과 단절된 우리 마음 속의 두려움과 욕망은 모든 상황 속에서 죄를 발생시킨다. 고대 그리스의 비극은 주로 신의 저주를 통해 인간이 파멸하는 것을 주제로 한다. 신화 속 탄탈로스(트로이 전쟁의 주인공인 메넬라오스와 아가멤논의 조상)는 자신을 높이기 위해 아들을 요리하여 신의 저주를 받는다. 그의 자손들은 모두 저주 신탁의 희생자가 된

1898년 에드윈 오스틴 애비가 《리어왕》 1막 1장을 그린 유화 <코델리아의 작별>

다. 테베의 왕 오이디푸스는 자신에게 주어진 운명의 신탁이 이루어져 파멸한다.

반면 셰익스피어의 비극은 모든 인물들의 죄와 욕망에 의하여 파멸에 이른다. 영국의 유명한 평론가 새뮤얼 존슨은 '셰익스피어는 어느 작가보다도 자연의 시인이다. 즉, 그는 독자들에게 삶과 세태의 모습을 충실히 비추어주는 거울을 들어 보이는 시인이다. 그의 등장인물들은 … 공통의 인간 본성을 지닌 인류의 진정한 자손들이며 … 그가 그린 인물들은 모든 사람의 마음을 움직이고 삶의 전 체계를 움직이게 하는 보편적인 감정과 원칙에 따라 말하고 행동한다. 다른 작가의 작품에 등장하는 인물들이 개별적 인간이라면 셰익스피어 작품에 등장하는 인물들은 일반적으로 하나의 종이다'라고 말했다. 셰익스피어는 누구보다 성경에 등장하는 하나님과 단절된 인간의 모습을 잘 묘사한다. 하나님을 떠난 인류의 파멸 과정을 너무나 정확히 설명한다. 그의 인물들은 하나님과 단절한 아담, 사울, 아합 왕과 같은 인물들이다. 창조주 하나님을 버린 인간의 본성은 죄이며, 이 세상 모든 문제의 본질은 바로 인간의 죄다.

열등감에서 발원하는 어리석은 의심은 오셀로와 같은 파멸을 만들어낸다

오셀로는 4대 비극 중에서도 가장 가슴 아픈 작품이다. 흑인이지만 전쟁에서의 연이은 승리로 장군이 된 오셀로는 아름다운 백인 여인 데스데모나와의 사랑으로 결혼에 이른다. 그러나 이들의 사랑 이야기는 열등감에서 발원한 어리석은 의심으로 처절하게 깨지고 만다. 열등한 신분에도 불구하고 성공스토리를 쓴 오셀로, 자신이 원하는 사랑을 성취한 그를 시기하는 사람은 많을 수밖에 없었다. 그의 마음이 열등감에서 자유 할 수 있었다면, 굳건한 사랑을 의심하기 전에 진실한 마음으로 아내를 바라볼 수 있었다면 얼마나 좋았을까?

1888년경 프레데릭 레이튼이 그린 유화 <데스데모나>

이야기는 오셀로의 부관이 되고 싶었으나 자신의 꿈이 좌절되자 증오심을 품고 오셀로 장군과 그의 부관 캐시오를 파멸시키고 싶었던 이아고의 더러운 마음으로부터 시작된다. 이아고는 인간의 본성을 너무나 잘 아는 인물이다. 그는 철저히 오셀로 장군을 위하는 척 하면서, 동시에 오셀로 장군의 인종적 열등감을 은근히 자극하여 아내를 의심하게 만든다. 이아고의 계략과 오셀로의 열등감이 어우러져 어리석은 의심으로 확대되는 장면을 읽어보자.

이아고〉

아무래도 그런 것 같아 걱정스럽습니다. 장군님을 위하는 마음에서 말씀드린 것으로 생각해 주시기 바랍니다. 하지만 기분이 언짢으신 것 같군요. 제발 제 말을 확대 해석하여 단순한 의심을 넘어 더 큰 문제로 확대하시지 않기를 바랍니다.

오셀로〉

그렇게 하지 않겠네.

이아고〉

만약 장군님께서 그렇게 하신다면, 제 말은 제가 전혀 의도하지 않았던 나쁜 결과를 가져오게 됩니다. 캐시오 부관은 저의 소중한 친구입니다. 장군님, 기분이 언짢으신 것 같습니다.

오셀로〉

아니, 그리 많이 나쁘진 않네. 난 데스데모나가 정숙하다고 생각하니까.

이아고〉

부인께서 늘 정숙하시길! 그리고 장군님께서도 늘 그렇게 생각하시길!

오셀로〉

음, 그렇지만 어떻게 천성을 어기면서까지 ….

이아고〉

그렇습니다, 바로 그 점이 중요하지요. 감히 말씀드리자면, 나라가 같고, 피부색이 같으며, 신분이 같은 구혼 상대들을 부인께서는 거들떠보지도 않았습니다. 모든 면에서 그들에게 끌리는 것이 당연한 일일 텐데도요. 흥, 그러한 결심에서 우리는 뭔가 추잡하고 지저분한 불균형을, 부자연스러운 생각을 간파할 수 있습니다. 그런데, 용서하십시오. 저는 부인에 대해 분명하게 말씀드릴 입장은 아닙니다. 하지만 제가 걱정하는 것은 부인께서 분별력을 되찾으셔서, 같은 나라 남자들과 장군님을 비교하게 되어 자신의 결정을 후회하게 될지도 모른다는 점입니다.

오셀로〉

그만 가보게, 그만 가봐. 뭔가 더 많이 알게 되면, 내게 더 알려 주게. 자네 부인에게 감시하도록 하게. 혼자 있게 해 주게, 이아고.

이아고〉

(가면서) 장군님, 그럼 가보겠습니다.

…

오셀로〉

그녀가 부정하다는 산 증거를 대라.

이아고〉

전 이 일을 좋아하진 않습니다. 하지만 제가 이 문제에 너무 멀리까지
발을 들여놓았고, 어리석은 정직함과 사랑으로 인해 거기에 깊게 연루
되었기 때문에, 계속 말씀드리죠. 최근에 캐시오와 함께 잠을 잤습니다.
그런데 심한 치통 때문에 잠을 잘 수가 없었지요. 사람들 중에는 잠이
든 상태에서 자신들의 비밀을 중얼거리는 흐리멍덩한 자들이 있습니다.
캐시오가 바로 그런 부류의 인간이지요. 저는 그가 잠자면서 이렇게 말
하는 것을 들었습니다. "사랑스러운 데스데모나, 조심합시다. 우리의 사
랑을 들키지 맙시다." 그러고 나서 그는 제 손을 꼭 움켜잡고 "오, 사랑
스러운 사람!"이라고 소리쳤습니다. 그 다음엔 제 입술에 자라난 키스를
뿌리째 뽑으려는 듯이 제게 세게 키스했습니다. 그 다음에는 자신의 다
리를 제 허벅지 위에 올려놓고 한숨을 쉬며 키스했지요. 그러곤 "저주받
은 운명이여, 당신을 무어인에게 주다니!"라고 소리쳤습니다.

오셀로〉

오, 끔찍하다, 끔찍해!

이아고〉

아닙니다, 이건 단지 그의 꿈에 불과
한 것입니다.

오셀로〉

하지만 이 꿈은 뻔한 결론을 보여 준
것이다.

이아고〉

사실 그게 꿈이긴 하지만 의심을 받

1857년 솔로몬 알렉산더 하트가 그린 수채
화 <오셀로와 이아고>

을 만하지요. 그리고 이것이 희미하게 드러나는 다른 증거들을 분명하게 하는 데 도움을 줄 수도 있고요.

오셀로〉

그년을 갈기갈기 찢어버리겠다.

이아고〉

아닙니다. 현명하셔야 합니다. 아직 아무것도 보진 못했습니다. 부인께선 아직 정숙하실 수도 있습니다. 이것만 말씀해 주십시오. 혹시 때로 부인께서 딸기 무늬가 박힌 손수건을 손에 드신 것을 보신 적이 있으신가요?

오셀로〉

내가 그녀에게 그런 손수건을 주었지. 내 첫 번째 선물이었다.

이아고〉

그건 몰랐습니다. 전 그것이 부인의 손수건이라는 것은 확신했지만, 오늘 아침에 캐시오가 그런 손수건으로 수염을 닦는 것을 보았습니다.

(제3막 제3장)

작가는 열등감에서 발원하는 질투가 얼마나 무서운 것이며, 그것은 분명한 근거가 없어도 언제든지 발생하여 인생을 파괴하는 괴물인지를 이아고의 아내 에밀리아의 대사를 통해 전달하며 우리의 고개가 끄덕여지게 만든다.

그렇지만 질투에 빠진 사람들은 그렇게 생각하지 않을 거예요. 그들은 이유가 있어서 질투를 하는 것이 아니라 원래 질투심이 있어서 질투하는 거예요. 질투는 저절로 잉태되고 저절로 태어나는 괴물이거든요.

(제3막 제4장)

주인공 오셀로는 무어인(흑인)이지만 실력과 열정과 지도력으로 성공한 사람이다. 그의 아내 데스데모나는 순수한 사랑으로 오셀로와 결혼하였고 변함없는 마음으로 그를 사랑한 아내다. 그러나 오셀로는 아름답고 순결한 아내 데스데모나를 죽였고, 진실을 안 후에 비탄에 빠져 자신도 스스로 목숨을 끊고 말았다. 그는 자신을 속인 이아고를 원망하면서 죽었을 것이다. 아니 그에게 속은 어리석은 자신을 더욱 원망했을 것이다.

세상을 살면서 잊지 말아야 할 것이 있다. 사람들은 결국 죄인이라는 것이다. 한 사람이 승진하면 다른 사람은 미끄러지고, 투자한 사람이 돈을 벌면 투자하지 않았던 사람은 가난해지는 복잡한 현실 속에서 한 인간은 지뢰밭에 살고 있는 것이나 진배없다. 성공하면 질투를 받기 십상이고, 실패하면 무시당하기 쉬운 세상에 살고 있는 것이다. 특히 그리스도인들에게는 사탄의 지속적인 시험이 늘 상존하고 있기에 주의 깊게 분별하고 깊이 성찰하는 삶을 훈련할 필요가 있다.

오셀로는 성공했다. 많은 것을 얻었다. 그는 지위도 얻었고, 사랑도 쟁취하였다. 그러나 로더리고나 이아고처럼 사랑을 잃었거나 지위를 얻지 못한 사람들이 주위에 있는 법이다. 그들은 언제 자신들의 질투심과 억울함을 담아 오셀로를 파멸시킬지 모르는 상황에 있었다. 하지만 오셀로는 너무나 어리석었다. 이아고의 치밀한 계획에 여지없이 무너져 내렸다. 누구나 흠모할 수밖에 없던 여인 데스데모나의 지고지순한 사랑을 얼마든지 확인할 수 있었고, 승진하지 못했던 이아고의 내면을 의심해 볼 수도 있었다. 자신의 성공에 너무나 도취되었던 것일까? 그는 자신의 의심에 확신을 더해갔다.

우리는 합리적인 의심이 필요한 시대에 살고 있다. 하지만 《오셀로》는 그리스도인들에게 어리석은 의심에서 벗어나야 하며, 어리석은 의심으로 부부, 부모와 자녀, 친구, 동역자들의 관계가 깨어지도록 사탄이 우리를 유혹할 수 있다는 것을 심각하게 경고한다. 어리석은 의심에서 벗어나기 위해서는 진정한 사랑이 필요하며, 나의 시각과 판단에만 의존하는 것이 아니라 상대방의 의견을 경청하여 종합적인 판단을 내리는 성찰의 시간이 필요하다.

사탄은 언제나 우리 마음속에 어리석음을 주입할 수 있다. 다윗은 사탄에 충동되어 하나님보다 군사를 의지할 뻔 했다.

'사탄이 일어나 이스라엘을 대적하고 다윗을 충동하여 이스라엘을 계수하게 하니라'(대상 21:1)

사탄은 베드로로 하여금 하나님의 일을 막게 만들었다.

'예수께서 돌이키시며 베드로에게 이르시되 사탄아 내 뒤로 물러가라 너는 나를 넘어지게 하는 자로다 네가 하나님의 일을 생각하지 아니하고 도리어 사람의 일을 생각하는도다'(마 16:23)

사탄은 우리가 주님의 일을 할 때에 막아서서 방해하기도 한다.

'그러므로 나 바울은 한번 두 번 너희에게 가고자 하였으나 사탄이 우리를 막았도다'(살전 2:18)

하나님을 바라보며 말씀 안에서 주위 상황들을 주의 깊게 살피며 상대방의 말을 경청하며 어리석은 의심에 빠지지 않도록, 사탄의 시험에 빠지지 않도록 주의하는 자세가 필요하다.

정당하지 않은 욕심, 하나님께서 허락하지 않은 것을 욕망하는 마음은 반드시 불행을 낳는다

《맥베스》의 주인공 맥베스는 용맹한 장수다. 그는 반란군으로부터 조국 스코틀랜드와 덩컨 왕을 지켜낸다. 삼손과 같은 큰 힘과 장수의 기질을 받은 복이 많은 사람이다. 그는 전쟁에 승리했고, 왕의 총애를 얻게 되었다. 생각지도 못했던 코더 영주의 자리까지 얻게 되었다. 코더 영주가 되었다는 것은 생각한 것보다 더 넓은 지역의 봉토를 받게 되었다는 의미다. 이렇게까지 많은 것을 받았으면 감사하며 겸손해야 하는 것이 인간의

1840년 다니엘 매클리스가 그린 <셰익스피어의 '맥베스'의 연회 장면>

도리다. 하지만 하나님을 떠난 인간의 욕망은 끝이 없다. 그는 코더의 영주 자리에 봉해졌다는 소식을 듣고, 더 큰 욕망에 사로잡히게 되었다. 그들의 정당하지 않은 욕망은 자신을 믿었던 왕을 살해하고, 다른 귀족들도 왕권에 도전이 된다고 하면 모두 죽이려는 정신착란으로 발전한다. 그들의 정신착란 증세와 같은 과도한 욕망은 다른 사람들을 살해했고, 자신들의 영혼을 파괴했다. 그들은 자신들이 얻으려던 권력을 통한 행복은 전혀 얻지 못하게 되었고, 결국 자신들을 죽음으로 몰고 갔다.

맥베스는 결국 마녀들의 예언대로 움직인다. 사실 그의 욕망을 충동질하는 마녀는 그의 마음 속에 있는 욕망의 분신일 뿐이다. 전쟁에서 승리한 그에게 마녀들이 나타나 이렇게 말한다.

맥베스〉
말을 할 수 있거든 말을 해보아라. 너희는 대체 누구냐?
마녀 1〉
맥베스 만세! 글래미스 영주께 축복을 드립니다.
마녀 2〉
맥베스 만세! 코더 영주께 축복을 드립니다.
마녀 3〉
맥베스 만세! 장차 왕이 되실 분!(제1막 제3장)

맥베스는 글래미스 영주이며, 전쟁에 승리한 공로로 코더의 영주가 될 예정이었다. 그러나 사실 그의 마음은 왕이 되려는 욕망, 더 높은 것을 향한 욕망이 자리 잡고 있었다. 마녀들은 그의 욕망을 선포하고 사라진다. 맥베스는 마녀들의 말을 반박하지만, 사실 마녀들은 그의 내면에 웅크리고 있던 더러운 욕망의 그림자일 뿐이었다. 그림자는 곧 사라진다.

> **맥베스〉**
> 섰거라, 애매한 말을 하는 것들아. 더 똑똑히 말하라. 나의 선친 시넬이
> 돌아가시고 내가 글래미스 영주가 된 것은 틀림없는 일이다. 하지만 코
> 더란? 코더 영주는 살아 있으며 세력 있는 실력자다. 왕이 된다는 말은
> 더욱더 믿을 수 없는 일이다. 말해봐라, 너희는 도대체 어디서 그런 괴
> 상한 지식을 얻었느냐? 또 어찌하여 이 황량한 들판에서 우리를 기다려
> 그런 예언 같은 축사를 보내느냐? 말하라, 내 명령한다. (마녀들 사라진
> 다.)(제1막 제3장)

 마녀들은 맥베스가 왕이 될 것이라고 예언하는 동시에 멕베스의 동료
뱅코의 자손이 왕이 된다고 예언한다. 이것은 맥베스의 마음에 자리 잡고
있는 두려움을 드러내는 표현이다. 그의 마음 속에는 권력에 대한 욕망과
더불어 왕위를 빼앗길 것에 대한 두려움이 공존했던 것이다.

> **마녀 1〉**
> 맥베스보다는 작지만 훨씬 크신 분.
> **마녀 2〉**
> 별반 운이 좋지 못하시나 훨씬 운이 좋으신 분.
> **마녀 3〉**
> 왕이 될 자손을 낳으시지만 자신은 아무것도 아니신 분.
> 그러니 두 분 다 만세! 맥베스와 뱅코!
> **마녀 1〉**
> 뱅코와 맥베스 두 분 다 만세!(제1막 제3장)

마녀들은 맥베스의 마음에 자리 잡고 있는 욕망과 두려움을 형상화한 존재다. 맥베스는 마녀들의 예언 때문이 아니라 자신 내면의 욕망에 눈이 멀어 자신을 믿고 전쟁에 보낸 왕을 죽이고 스스로 왕이 된다. 그는 내면의 두려움 때문에 자신의 권력에 위협이 되는 존재에 대한 두려움으로 그들을 모두 죽인다. 그는 욕망과 두려움으로 광기에 휩싸인다. 결국 그의 영혼도, 그의 아내의 영혼도 죄를 이기지 못한다. 그들은 잠시 권력을 얻었지만 죄책감과 불안함으로 정신적으로 고통스러워한다. 결국 아내는 스스로 목숨을 끊고 맥베스도 비극적인 죽음을 맞는다.

하나님과 단절된 모든 인간의 근본적인 문제는 욕망과 두려움이다. 자신의 욕망대로 살아가는 자의 영혼에는 두려움이 깃든다. 그 두려움은 더욱 큰 욕망과 죄악을 만들어낸다. 동생을 죽인 가인은 하나님의 저주에 다음과 같이 호소한다.

'주께서 오늘 이 지면에서 나를 쫓아내시온즉 내가 주의 낯을 뵈옵지 못하리니 내가 땅에서 피하며 유리하는 자가 될지라 무릇 나를 만나는 자마다 나를 죽이겠나이다'(창 4:14)

이 두려움은 필연적으로 자신의 영원한 안전을 보장하는 욕망을 불러일으킨다. 그리고 그 욕망은 맥베스에게 주어진 모든 복을 저주로 바꾸었듯이, 우리의 삶을 불행을 바꿔놓는다.

18세기 프란체스코 주카렐리가 그린 마가호니 패널 위 유화 <맥베스와 세 마녀>

'오직 각 사람이 시험을 받는 것은 자기

욕심에 끌려 미혹됨이니 욕심이 잉태한즉 죄를 낳고 죄가 장성한즉 사망을 낳느니라'(약 1:14-15)

욕심은 우리의 삶에 영적으로 육적으로 사망을 가져온다. 하나님께서 자연스럽게 허락하시는 권세와 부함은 문제될 것이 없다. 하지만 권세에 대한 욕망, 부해지려는 욕심은 우리를 정당하지 않은 욕심에 빠트린다.

'부하려 하는 자들은 시험과 올무와 여러 가지 어리석고 해로운 욕심에 떨어지나니 곧 사람으로 파멸과 멸망에 빠지게 하는 것이라'(딤전 6:9)

하나님의 뜻을 경외하고, 그 계명을 따라 살아가는 자들에게 필요한 복으로 함께 하시는 주님을 믿고 신뢰해야 한다. 정당하지 않은 욕심을 이기는 자족하는 삶을 훈련하는 것이 행복한 삶의 길이다.

햄릿(5막, 원전 제목 : 덴마크 왕자 햄릿의 비극적인 역사 / 신동운 역, 스타북스)

주인공 햄릿의 아버지 햄릿 왕이 죽고, 후계자로 동생 클로디어스가 즉위한다. 그는 햄릿 왕의 아내이자 주인공 왕자의 어머니인 거트루드와 결혼한다. 사실 삼촌 클로디어스가 왕위를 노리고 형을 독살했으나, 조카 햄릿은 이 범죄를 모르고 있다. 햄릿 왕은 독사에 물려 죽은 것으로 알려져 있다. 추운 겨울밤 덴마크 궁궐을 지키는 보초병들은 햄릿 왕 모습의 혼령을 본다.

《햄릿》(신동운 역, 2020년, 스타북스)

이 소식이 친구 호레이쇼를 통해 햄릿에게 전해지고, 그는 아버지의 혼령을 직접 만나게 된다. 그는 복수를 부탁한다. 햄릿은 복수를 다짐하고 기회를 얻기 위해 미친 척한다. 한편 혼령의 말이 사실인지 의심하며 진실을 확인하려 한다.

클로디어스는 햄릿 왕자의 행동거지가 이상해지자 원인을 찾기 위해 햄릿의 친구인 로젠크랜츠와 길든스턴을 햄릿에게 보낸다. 햄릿은 그들을 따뜻하게 맞이하지만, 그들이 클로디어스가 보낸 정탐꾼이라는 것을 알아차리고 계속 미친 척한다. 햄릿은 재상 폴로니어스의 딸 오필리아를 사랑하지만, 그녀에게도 미친 듯한 모습을 보인다. 햄릿은 진실을 밝힐 수단을 찾는다. 마침 떠돌이 극단이 도착하자 햄릿은 혼령이 말한 장면을 연극으로 꾸며 삼촌과 어머니의 반응을 본다. 형을 독살하는 동생을 연기하는 장면을 보고 클로디어스는 갑자기 방으로 들어가 버린다. 햄릿은 혼령의 말이 사실이었음을 확신한다. 클로디어스는 햄릿을 영국으로 보내며 암살하려는 계획을 세운다.

어머니 거트루드는 이상해진 아들 햄릿을 자신의 방으로 부른다. 어머니의 방으로 가던 햄릿은 삼촌을 만났으나 죽이지 못하고 어머니와 말다툼을 한다. 커튼 뒤에 인기척을 느낀 햄릿은 칼로 찌르는데, 그는 삼촌이 아니고 사랑하는 여인 오필리아의 아버지 폴로니어스였다. 이때 햄릿은 다시 혼령을 보게 된다. 아들이 허공에 대고 말하는 것을 본 어머니는 햄릿이 진짜 미친 것이라 생각한다. 햄릿은 오필리아의 아버지 폴로니어스의 시체를 숨긴다. 혼령은 햄릿에게 또 복수를 부탁한다.

햄릿을 실은 배는 영국으로 향했으나 해적에게 붙들리게 되고 햄릿은 포로가 되어 다시 덴마크로 돌아오게 된다. 한편, 아버지의 죽음으로 인해 오필리아는 미치고 만다. 오필리아의 오빠 레어티스는 프랑스에서 돌아와 아버지를 죽이고 동생을 미치게 한 햄릿에게 분노하고, 사악한 클로디어스는 레어티스를 자극해 햄릿을 죽이려 한다. 오필리아가 익사했다는 소식이 전해지고, 동생 오필리아의 장례식에서 햄릿을 발견한 레어티스는 격분하여 결투를 요청하고 햄릿은 이를 수락한다. 클로디어스는 독이 든 포도주와 독을 묻힌 칼을 준비한다. 그러나 둘의 결투 중 햄릿의 어머니 거트루드가 독이 든 포도주를 마시고 죽게 된다. 햄릿과 레어티스는 클로디어스가 준비한 독이 묻은 칼에 서로 찔린다. 독이 묻은 칼에 찔려 죽어가며 레어티스는 클로디어스의 계략을 깨닫고 햄릿과 화해한다. 햄릿은 원수 삼촌에게 복수하지만, 레어티스도 햄릿도 죽고 만다.

오셀로(5막 / 강석주 역, 펭귄클래식)

베니스의 장군인 무어인(흑인) 오셀로는 원로원 의원 브러밴쇼의 미모의 딸 데스데모나와 결혼한다. 이 혼인을 바라보면서 마음이 불편한 사람들이 있었다. 데스데모나를 사랑했던 베니스의 신사 로더리고와 오셀로의 기수였지만 캐시오에게 부관자리를 빼앗긴 이아고였다. 이아고는 로더리고의 마음을 이용해 돈을 구하고, 자신의 승진을 좌절시킨 캐시오와 오셀로를 망칠 계략을 꾸민다.

1851년경 존 에버렛 밀레이가 그린 유화 <오필리아>

오셀로 장군은 터키와의 전쟁에서 승리하여 사이프러스섬 군중들의 환호를 받으며 섬에서 축제를 벌인다. 오셀로는 야간 경비를 부관 캐시오에게 맡기는데, 이아고는 캐시오를 술 취하게 한 후 로더리고를 이용하여 싸움을 일으킨다. 캐시오는 술에 취해 로더리고와 싸우다가 키프로스 총독 몬타노까지 부상을 입히고 부관 자리를 잃게 된다. 믿었던 장군 오셀로에게 버림 받은 캐시오에게 이아고가 접근하여 그를 돕는 척하면서 오셀로의 아내 데스데모나에게 마음을 얻어 복직을 간청하게 한다. 캐시오는 데스데모나를 찾아가고, 이아고는 그녀의 남편 오셀로를 불러내어 그 만남을 목격하게 하며 둘을 의심하게 만든다.

《오셀로》(강석주 역, 2009년, 펭귄 클래식)

마음 착한 데스데모나는 캐시오의 사정을 듣고 남편에서 복직을 간청한다. 오셀로는 아내의 간청에 그러겠다고 답하지만 이아고의 이간질이 계속되고 의심은 커져간다. 이아고는 자신의 순진한 아내 에밀리아를 통해 오셀로가 데스데모나에게 주었던 소중한 선물인 손수건을 빼내고, 결정적인 순간에 캐시오와 데스데모나의 부정한 사랑의 증거로 그 손수건을 오셀로에게 내민다. 의심은 커져만 가고, 오셀로는 질투에 미쳐만 간다. 결국 오셀로는 순결한 아내 데스데모나를 목을 졸라 죽인다. 오셀로는 모든 사실을 알게 되었지만, 이미 아내는 죽은 상태였다. 비통한 마음으로 자신도 데스데모나의 침대에서 스스로 죽음을 택한다.

　　스코틀랜드의 왕 덩컨에게 반란군이 도전해 온다. 그의 장군 맥베스와 뱅코가 반란군을 진압하고 나라를 위기에서 구한다. 그들은 전장에서 돌아오는 길에 세 마녀를 만난다. 그 마녀들은 맥베스가 코더의 영주가 되고 왕이 될 것이며, 뱅코의 자식들이 왕위에 오른다고 예언한다. 곧 덩컨 왕은 전쟁에서 공을 세운 맥베스에게 코더 영주의 자리를 하사한다는 소식을 전한다. 맥베스는 예언을 믿게 되고, 마음에 욕망이 싹트게 된다. 그렇게 맥베스는 야심이 가득한 자신의 아내와 함께 마녀들의 예언을 실현하기 위해 덩컨 왕을 살해하고 왕이 될 계획을 세운다. 그는 자신을 축하하기 위해 찾아온 덩컨을 죽이고, 왕자 맬컴은 잉글랜드로 도주한다.

　　맥베스는 예언대로 스코틀랜드의 왕이 된다. 그러나 그는 죄책감과 불안감에 시달리고, 백성들에게 점점 미움을 사게 된다. 그는 뱅코의 자녀들이 왕이 된다는 예언이 마음에 걸려 암살자들을 보내 그들을 죽이려 하지만, 뱅코만 죽고 아들 플리언스는 달아나 목숨을 건진다. 맥베스는 죄책감에 시달리며 연회장에서 뱅코의 환영을 본다. 그는 괴로움에 마녀를 찾아간다. 마녀들은 예언한다.

《맥베스》(이종구 역, 2010년, 문예출판사)

맥더프를 주의하라 … 여자가 낳은 자 중에는 맥베스를 넘어뜨릴 자가 없다 … 사자의 용기를 가지고, 가슴을 펴고, 조금도 걱정하지 마라. 누가 노하든, 누가 괴로워하든, 배반자가 어디서 무엇을 꾀하든, 맥베스는 결코 멸망하지 않는다. 저 버남의 대삼림이 던시네인

의 언덕까지 쳐들어오지 않는 한.(제4막 1장)

점점 미쳐가는 맥베스는 잉글랜드에서 힘을 모으던 맥더프에게 앙심을 품고, 스코틀랜드에 남아 있는 그의 가족들을 다 죽인다. 이렇게 왕권을 지키기 위해 피를 흘리다보니, 그의 아내는 불안함에 몽유병을 앓다가 결국 죽는다.

맬컴 왕자는 잉글랜드에서 시워드 장군과 힘을 모아 군사를 모집하고 스코틀랜드로 진격한다. 맥베스는 맥더프를 만나자 그를 피한다. 그를 조심하라는 예언 때문이었다. 맥더프가 그에게 겁쟁이라고 도발하자 자신은 여인이 낳은 자에게는 쓰러지지 않는다며 객기를 부린다. 예언을 믿고 억지 용기를 부린 것이다. 잉글랜드 군사들은 나뭇가지를 꺾어 위장을 했는데, 그 모습은 마녀들의 예언대로 버남의 숲이 던시네인의 언덕으로 움직이는 것처럼 보였다. 위기를 느낀 맥베스는 예언이 성취될 것을 두려워하며 싸우러 나간다. 맥베스는 마녀들의 예언대로 '(여자가 낳은 것이 아닌) 어머니 배를 가르고 달이 차기 전에 나온 몸이라고 말하는(제5막 8장)' 맥더프의 칼에 죽게 되고, 죽은 왕 덩컨의 아들 맬컴 왕자는 스코틀랜드 왕으로 즉위한다.

리어왕(5막 / 이종구 역, 문예출판사)

칭송받던 브리튼 왕 리어에게는 세 딸들이 있었다. 그는 세 딸들(사위들)에게 왕국을 나누어 주고, 자신은 물러나 편안하게 노년을 보내려고 한다. 그는 딸들을 불러 자신을 가장 사랑하는 딸에게 가장 큰 영토를 나누어

주겠다고 약속한다. 첫째 딸 고너릴과 둘째 딸 리건은 아버지를 사랑하는 마음이 없었지만, 화려한 말로 아버지의 마음을 감동시켜 자신들의 몫을 챙긴다. 아버지를 가장 사랑하는 막내 코딜리어는 언니들의 아첨과 거짓에 반발하여 담담하게 딸의 도리로 아버지를 사랑할 뿐이라고 말한다. 막내를 사랑했던 리어왕은 아름답고 화려한 고백에 대한 기대가 깨어지자 코딜리어와 의절하고, 그녀의 몫을 다른 두 딸에게 나누어 준다. 켄트 백작은 리어왕의 결정에 반발하다가 노여움을 사 추방당한다. 코딜리어는 지참금도 없이 아버지에게 쫓겨났지만, 그녀의 정직한 성품에 반한 프랑스 왕과 결혼한다. 리어왕은 나라를 두 딸에게 나눠주고 휘하에 백 명의 기사들을 데리고 고너릴과 리건 두 딸의 집에서 한 달씩 머무를 것이라고 선언한다.

한편 글로스터 백작에게는 에드거와 에드먼드라는 두 아들이 있었다. 사생아였던 동생 에드먼드는 적자인 형 에드거의 재산을 가로채기 위해 가짜 편지를 꾸민다. 편지의 내용에 속은 글로스터는 큰아들 에드거가 자신을 죽이고 재산을 좀 더 일찍 상속받으려고 한다는 말을 믿고 그를 처형하리라 다짐한다. 리어 왕의 두 딸이 한 거짓말과 글로스터 백작의 사생아 에드먼드가 하는 거짓말이 효과를 발휘하는 것처럼 보인다. 리어왕의 충신 켄트는 변장을 하고 리어왕의 하인이 된다. 에드먼드의 계략으로 도망자 신세가 된 효자 에드거는 미친 거지 행세를 하게 된다. 이미 자기 몫을 챙긴 리어왕의 두 딸은 본색을 드러낸다.

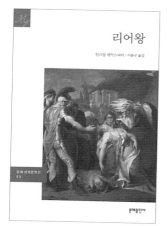

《리어왕》(이종구 역, 2005년, 문예출판사)

큰딸 고너릴은 아버지가 기사들을 너무 많이 거느린다며 반으로 줄일 것을 요구한다. 분노한 리어왕은 둘째딸 리건이 머물던 글로스터 백작의 성에 도착했다. 하지만, 환대는커녕 언니에게 돌아가라는 매정한 말을 듣는다. 언니 고너릴이 여기에 도착하고, 두 딸은 아버지에게 기사의 수를 100명에서 50명, 25명으로 줄일 것을 요구하다가 마침내는 한 명도 받아들일 수 없다고 말한다. 딸들의 푸대접에 격분한 나머지 리어왕은 광기에 휩싸여 폭풍우 치는 황야로 뛰쳐나간다. 리건은 글로스터 백작에게 성문을 잠그라고 명령하지만, 그는 리어왕을 돌보려다가 두 눈이 뽑히고 아들들에 관한 진실을 깨닫게 된다. 리어왕과 글로스터 백작은 비슷한 처지가 된 것이다. 그 과정에서 리건의 남편 콘월은 자신의 행동에 반발하는 하인과 싸우다가 목숨을 잃는다.

충신 켄트 백작과 리어왕과 같은 처지가 된 글로스터는 리어왕을 돕는다. 켄트는 프랑스 왕비가 된 코딜리어에게 이 상황을 알리고, 프랑스 왕은 브리튼으로 군대를 파견한다. 거짓말로 세력을 얻은 에드먼드는 프랑스 군대에 맞서 브리튼의 지휘관이 된다. 여기서 남편이 있는 고너릴과 남편이 죽은 리건은 에드먼드에게 연정을 품고 애정을 얻기 위해 경쟁하게 된다. 프랑스 군대는 패배하고, 리어와 코딜리어는 포로로 사로잡힌다. 전쟁은 브리튼의 승리로 끝났지만, 에드먼드는 형 에드거와의 결투에서 패배한다. 글로스터는 에드거의 정체를 알게 되고, 기

1786-1788년 제임스 배리가 그린 유화 <코딜리아를 애도하는 리어왕>

뺨 속에서 숨을 거둔다. 고너릴은 에드먼드를 차지하기 위해 리건을 독살하고, 자신도 곧 자결한다. 에드먼드도 형과의 결투에서 입은 상처로 죽는다. 에드먼드의 지시로 코딜리어가 죽자, 자신의 어리석음으로 자신을 사랑하던 딸을 잃게 된 비통함으로 리어왕도 숨을 거두고 만다. 욕망에 가득한 딸들의 속임수와 리어왕의 어리석음으로 가족 전체가 비극적인 죽음을 맞는다.

03 장

인생과 구원에 대한 모든 사유

괴테《파우스트》

(번역본 : 장희창 역, 을유세계문학전집)

사랑했노라 괴로워했노라 배웠노라

유명한 나폴레옹이 독일을 점령하고, 1808년에 괴테를 만나고 이런 말을 남겼다. '여기에 인간(사람)이 있다.' 그리고 괴테를 죽이지 않았다고 한다. 여러 가지로 해석이 가능하지만, 나폴레옹이 참된 인간상을 본 것이 아닐까? 괴테는 후에 자신의 삶을 세 단어로 요약했다. '사랑했노라 괴로워했노라 배웠노라' 그는 일평생 세상에 대한 사랑의 열정으로 살았고,

라이프치히에서 발행된 《파우스트》
War 에디션 표제지

참된 것을 추구하면 할수록 괴로웠지만, 수많은 것들을 깨닫고 배우는 인생을 살았다. 괴테의 《파우스트》의 주인공 파우스트 박사는 괴테 자신의 모습이 아니었을까? 끝없는 지식과 진리의 추구, 여인을 향한 진정한 사랑, 가치 있는 일을 향한 열정, 그 과정 속에서 겪었을 많은 실패와 좌절. 그리고 그 속에서 수많은 고뇌를 느끼며 인생과 구원에 대해 사유하며 보냈을 시간들. 괴테의 작품 속 주인공 '파우스트'도 열심히 시도하며 많은 것을 깨닫고 그만큼 진리에 다가서게 되었던 위대한 인간상을 보

여준다.

천재 인간 괴테(1749-1832)

독일어를 공부하는 사람은 누구나 독일어성경을 출간한 종교개혁자 루터와 새로운 독일어 단어와 표현들을 많이 만들어내고 정착시킨 괴테를 만나게 된다. 독일 사람들은 성경 다음으로 괴테를 많이 읽는다고 하니 괴테는 천재라고 부를 수밖에 없는 인물이다.

그는 귀족은 아니었지만 부유한 시민 계급의 부모에게서 태어났다. 8세에 시를 쓰기 시작하고 13세에 시집을 냈다는 전설적인 이야기가 남아 있다. 그는 법학을 전공하여 20대 초반 변호사로 활동하였고, 후에 바이마르 공국에서 요즘으로 말하면 여러 부처 장관 정도의 정치인으로 활동하기도 했다.

1828년 칼 요제프 슈틸러가 그린 유화
<요한 볼프강 폰 괴테>

그러나 그를 설명하려면 역시 문학적 업적을 언급해야 한다. 그는 20대 중반, 소설
《젊은 베르테르의 슬픔》(1774)을 써서 베스트셀러 작가가 되었고, 유럽 전체를 베르테르 신드롬에 빠트려 많은 젊은이들이 자살하여 교회로부터 금서로 지정되는 역풍을 맞기도 했다. 그는 시, 소설, 기행문, 자연과학서적, 음악에까지 다양한 저술로 지성을 과시했고, 그의 시는 잘 알려진 슈베르트의 가곡《들장미》,《마왕》의 가사가 되었다. 그의 대표작은 바로 우

리가 다룰 희곡《파우스트》다. 하나님은 한 사람의 천재로 독일을, 나아가 세계를 풍요롭게 하셨다.

파우스트 전설 :
지식과 쾌락을 추구하다가 지옥에 떨어진 박사이야기

괴테의《파우스트》는 파우스트(1480~1541?)라는 실존인물에 얽힌 전설을 새롭게 각색한 희곡이다. 파우스트 전설은 끝없는 지식욕에 사로잡힌 박식한 학자 파우스트가 세상의 모든 지식과 쾌락을 얻기 위해 악마와 계약을 하는 내용으로 큰 줄거리는 괴테의 희곡《파우스트》와 유사하나, 세부적인 내용과 특히 결론 부분에서 큰 차이를 보인다. 파우스트 전설은 다음과 같다.

농부의 아들로 태어난 파우스트는 박식한 학자였다. 그는 비텐베르크 대학에서 신학을 공부하여 신학박사가 되었으나 오만하고 지식욕에 불타 미술, 의학, 천문, 수리 등의 학문에 손을 뻗어 우주의 궁극적인 이치를 모두 알고자 했다. 이 끝없는 지식욕에 사로잡힌 그는 마법으로 악마(메피스토펠레스)를 불러낸다. 그는 악마와 '24년간 악마의 도움으로 지상의 모든 지식과 쾌락을 얻는 대신 그리스도교의 적으로 행동하고, 약속 기한이 되면 영혼과 육체를 악마의 손에 맡기겠다'는 계약을 맺는다. 악마는 계약 기간동안 마술로 파우스트를 만족시킨다. 파우스트는 술과 쾌락에 빠지고, 우주와 지옥까지도 여행한다. 시간을 뛰어넘어 저승에서 고대 그리스 전설의 미녀 헬레네를 불어내어 그녀와 결혼하고 아들 하나를 낳기에 이른다. 그는 기독교 신앙으로 돌아오기를 권하는 친구의 충고도 물리치고

24년을 보낸다. 계약 기간이 끝나고 그의 영혼은 악마에게 넘어가고 지옥에 떨어져 영겁의 벌을 받는다.

전설이 대작으로 재탄생되다 :
방황하다가 실패하지만 구원 받은 인간이야기

필자가 독일 비텐베르크를 방문했을 때, 학자이자 연금술사였던 실존 인물 요한 게오르크 파우스트가 공부하면서 지냈던 집을 본 적이 있다. 이 파우스트에 대한 이야기가 전설처럼 유명해졌고, 16-17세기에 그 전설을 모티브로 한 민중소설이 유포되어 이를 상연하는 극단이나 인형극이 많이 공연되었다고 한다. 우리의 심청전처럼 독일 사람들은 '픽션'으로서의 파우스트 전설을 거의 알고 있었던 것 같다. 괴테는 어린 시절부터 이 전설에 익숙했고, 이 전설의 모티브들을 바탕으로 1773~1775년에 희곡《파우스트》초판을 출간했다. 이후 수정을 거쳐 1부를 완성하고 30년 후에 2부까지 완성하게 된다. 지금 우리가 읽고 있는 파우스트는 계속된 수정을 거쳐 죽음 직전인 1831년에 완성된 것이라고 한다. 60년에 걸친 대작이다.

1808년 출판된 《파우스트》 초판의 표제지

《파우스트》는 쉽게 도전하기 어려울 정도로 복잡하고 방대한 내용을 담고 있다. 셰익스피어의 희곡들은 실제 공연을 위한 짤막한 희곡이라면, 괴테의 《파우스트》는 스케일이 웅장하여 당시의 기술로는 무대를 만들 수도 없을 뿐만 아니라, 너무나 길기 때문에 공연될 수가 없는 읽기전용(?) 희곡이었다.《파우스트》는 일부만 편집되어 간간히 공연되다가 1999~2000년 정도에 첨단 기술을 활용하여 처음으로 작품 전체가 무대에 올랐다. 전체 작품 공연은 21시간이 걸린다고 한다. 이 작품이 얼마나 대작인지 알 수 있는 대목이다. 스페인에 세르반테스, 영국에 셰익스피어라면, 독일에는 괴테다.

인간의 지식은 헛되고 헛되다

《파우스트》 비극 제1부는 세상의 모든 지식을 섭렵한 박사 파우스트가 좁은 방에서 내뱉는 독백으로 시작한다.

아아, 나는 철학도, 법학도, 의학도, 유감스럽게 신학마저도!

속속들이 공부했다, 죽을힘을 다해.

그런데도 난 여전히 가련한 바보!

이전보다 나아진 게 없어.

석사니 박사니 소릴 들으며 벌써 십 년이란 세월 동안 학생들의 코를 위로 아래로

비스듬히 비틀기도 하며 끌고 다녔건만 –

우리가 아무것도 알 수 없다는 것만 확인하다니!

참말이지 속이 다 타 버릴 것만 같다.

하긴 내가 이런저런 헛똑똑이들, 그래 박사들, 석사들, 문필가들

그리고 목사들보다야 현명하지.

양심의 가책이니 의심이니 하는 것에 시달리지 않고,

지옥 앞에서도 악마 앞에서도 두려워하지 않으니까.

하지만 그 대신 모든 기쁨은 사라졌어, (중략)

젠장, 개라도 더 이상은 살고 싶지 않을 거야!

그래서 나는 마법에 몸을 맡겼지.

정령의 힘과 입이라도 빌어

이런저런 비밀을 알 수 있을까 싶어서 말이다.(비극 제1부, 밤)

파우스트는 세상의 모든 지식을 섭렵했지만, 결코 진정한 기쁨과 만족을 누리지 못한다. 그래서 신비한 것에 관심을 갖는다. 괴테가 《파우스트》를 쓸 당시 유럽은 근대 계몽주의가 전성기를 달리고 있었다. 새로운 지식들이 범람하고, 기술에 의한 산업의 물결이 유럽을 덮고 있었다. 하지만 결코 인간의 지식과, 그 지식에 의한 기술, 산업에 의한 발전과 사회의 변화가 인간에게 진정한 만족을 주지 못한다는 것이 괴테의 문제의식이다.

전도서는 이렇게 기록한다.

포트리우스 박사로 알려진 그림은 1650~1654년 사이 렘브란트가 그린 에칭 <연구 중인 학자>로, 괴테가 《파우스트》에 사용한 적 있다.

'내가 내 마음 속으로 말하여 이르기를 보라 내가 크게 되고 지혜를 더 많이 얻었으므로 나보다 먼저 예루살렘에 있던 모든 사람들보다 낫다 하였나니 내 마음이 지혜와 지식을 많이 만나 보았음이로다 내가 다시 지혜 알고자 하며 미친 것들과 미련한 것들을 알고자 하여 마음을 썼으나 이것도 바람을 잡으려는 것인 줄을 깨달았도다 지혜가 많으면 번뇌도 많으니 지식을 더하는 자는 근심을 더하느니라'(전 1:16-18)

극중 주인공 파우스트의 독백을 보면 그는 결국 지식을 넘어 신비한 것에 관심을 두려 한다. 궁극적인 것은 신비한 진리다. 바울이 말했듯이 궁극적으로 신비하고, 궁극적으로 옳고, 궁극적으로 인간을 행복하게 하는 복음은 비밀이며 신비다. 사람들은 감각적인 경험들과 세상의 철학과 가르침에 의지하여 자신의 지식 속에서 인생의 궁극적인 답을 찾으려 한다. 하지만 거기에는 진정한 답이 없다. 인간의 지식을 넘어 하나님의 구원을 얻게 될 때, 인간은 진정으로 복된 삶을 살아갈 수 있다.

사랑도 성공도 이상도
결코 인간을 구원할 수 없다

모든 지식에 통달한 주인공 파우스트는 악마와 계약을 한다. 자신을 궁극적으로 만족시킬 수 있다면 악마에게 영혼을 넘기겠다는 것이다. 악마는 모든 신비한 능력으로 파우스트를 만족시킨다. 마녀의 묘약으로 파우스트를 젊은이로 만들어 그레트헨과의 순수한 사랑과 더불어 쾌락을 누리게 한다. 파우스트는 사랑의 기쁨에 이렇게 고백한다.

> 당신의 눈길, 당신의 한마디가 이 세상의 모든 지혜보다도 더 즐겁습니다. (비극 제1부, 정원)

왕궁에서 재정정책으로 큰 성공을 거두어 부와 명예를 누리게 한다. 그리하여 왕에게 받은 해안가

19세기에 페드로 아메리카가 그린 유화 <파우스트와 그레트헨>

에 간척사업으로 큰 땅을 만들고 많은 사람들이 행복하게 살아가게 하고픈 이상을 실현하게 한다. 그러나 그레트헨과의 사랑은 불명예스러운 임신으로 이어지고, 그녀의 엄마와 오빠가 죽음에 이르게 되고, 그녀는 극도의 죄책감과 정신착란으로 아이를 물에 던지게 되며, 감옥에서 심판을 기다리게 된다. 그는 왕궁에서 나라의 재정적 위기를 화폐를 찍어냄으로서 해결한다. 하지만 그 정책은 인플레이션을 유발하는 등의 부작용을 낳는다. 그는 황제의 요구를 따라 인조인간 호문쿨루스의 신비한 도움으로 고대의 여인 헬레네를 만나 아들까지 갖게 되지만, 하늘에 도전하는 아들의 비극적인 죽음을 통해 최고의 미인까지 잃게 된다. 그는 노년에 마지막으로 이상적인 사회를 건설하려고 간척사업을 하지만, 결국 선한 노부부(그리스로마 신화에 나오는 바우키스와 필레몬 부부)를 죽이는 등 심적 갈등을 겪고 근심으로 눈이 멀게 된다.

악마의 힘을 통해 그가 추구한 사랑과 성공과 이상은 결코 그를 만족시키지 못하고, 그레트헨과 파우스트 두 주인공 모두 심판에 직면한다. 하지만 1부의 마지막에서 그레트헨이 구원 받았다는 목소리가 들려오며, 2부의 마지막에서 그레트헨의 도움으로 파우스트도 신의 구원을 얻게 된다.

결국 《파우스트》는 인간의 궁극적인 구원은 인간의 행위와 노력으로 주어질 수 없음을 보여준다. 결코 어떤 인간의 노력도 자신의 삶을 행복하게 하지 못하며, 그 과정에서 더 큰 불행만을 주게 될 뿐이다. 복을 얻으려고 형도 속이고, 사랑을 얻으려고 14년간 맹목적으로 수고한 야곱이 직면한 현실은 자신의 재산을 빼앗으려는 삼촌 라반과 자신을 죽이려고 400용사와 함께 기다리는 형에서였다. 야곱은 어떻게 구원을 얻는가? 그는 얍복강에서 홀로 하나님께 복을 구하였다. 천사와 씨름하면서 하나님만이 자신을 구원할 수 있음을 고백한 야곱은 결국 구원을 얻는다.

'야곱이 이르되 당신이 내게 축복하지 아니하면 가게 하지 아니하겠나이 다 그 사람이 그에게 이르되 네 이름이 무엇이냐 그가 이르되 야곱이니이 다 그가 이르되 네 이름을 다시는 야곱이라 부를 것이 아니요 이스라엘이 라 부를 것이니 이는 네가 하나님과 및 사람들과 겨루어 이겼음이니라 야 곱이 청하여 이르되 당신의 이름을 알려주소서 그 사람이 이르되 어찌하 여 내 이름을 묻느냐 하고 거기서 야곱에게 축복한지라 그러므로 야곱이 그 곳 이름을 브니엘이라 하였으니 그가 이르기를 내가 하나님과 대면하 여 보았으나 내 생명이 보전되었다 함이더라'(창 32:26-30)

하나님은 우리의 방황과 어리석음을 용납하신다

소위 독일에 퍼져 있던 '파우스트 전설'은 파우스트가 악마와 계약하 고, 온갖 쾌락을 경험하다가 지옥에 떨어지는 이야기다. 엄격하고 도덕적 이다. 하지만 괴테의 《파우스트》 1부가 시작되기 전 천상의 서곡에서 악 마와 대화하는 하나님께서 이렇게 말씀하신다. '인간은 노력하는 동안엔 방황하는 법이니까.' 또 다른 번역으로는 '인간은 노력하고 있는 동안에 는 헤매기 마련이다.'라고도 한다. 이 말은 인간이 더 나은 삶으로, 궁극적 인 것을 향해 나아가려 한다면 때로 방황도 하고, 길을 잃기도 하고, 실수 도 한다는 의미일 것이다. 인간은 자신의 지혜의 한계 속에서 때로 복음 을 깨닫게 될 수도 있다. 그러나 진리를 깨닫고 하나님의 통치를 따라 가 는 삶을 추구하는 과정에서도 끊임없이 실수하고 방황한다. 괴테는 방황 하고 실수하는 인간을 하나님께서 결코 버리시지 않는다고 말한다. '파우 스트 전설'과는 다르게, 괴테의 작품 안에서는 파우스트도 그의 파멸한 연인 그레트헨도 구원을 얻는다. 그들이 더 궁극적인 것을 향하여, 하나님의 구원을 향하여 나아가고 있다면 말이다.

예수님의 제자들도 많이 실패하고 넘어졌다. 그들은 예수님을 따라 예루살렘으로 가며 서로 자신이 높은 자리를 차지하려고 싸웠다. 예수님의 부활의 약속을 믿지 못하고, 주님의 죽음 앞에 낙심하여 쓰러졌다. 하지만 예수님은 결코 그들을 버리시지 않는다. 방황하는 그들을 끝까지 사랑하신다.

'유월절 전에 예수께서 자기가 세상을 떠나 아버지께로 돌아가실 때가 이른 줄 아시고 세상에 있는 자기 사람들을 사랑하시되 끝까지 사랑하시니라'(요 13:1)

제자들을 다시 찾아가셔서 그들을 회복시키시고, 영원한 생명의 길로 인도하셨다. 예수님의 제자들은 세상을 바꾸는 위대한 사도들이 되어 순교를 마다하지 않고 영원을 바라보며 살아가는 인물로 성장하게 되었다. 바울도 미성숙함의 극치를 달리는 고린도교회 성도들에게 이렇게 말씀한다.

'주께서 너희를 우리 주 예수 그리스도의 날에 책망할 것이 없는 자로 끝까지 견고하게 하시리라'(고전 1:8)

때로 방황하고 넘어져도 하나님의 구원을 소망하고 나아가면, 결코 주님은 우리를 버리시지 않으며, 우리는 영원한 길로 인도함을 받게 될 것이다.

복음의 방해꾼은 근심이다

해안을 간척하여 모두가 자유롭고 행복한 세상을 건설하려던 파우스트
는 의도치 않게 선한 노부부 필레몬과 바우키스 부부를 죽이게 된다. 그
는 심령에 심각한 타격을 받게 된다. 이러한 배경에서 '한밤중'에 네 명의
잿빛 여자가 환상 중에 나타난다. 첫째의 이름은 결핍, 둘째의 이름은 죄
악, 셋째의 이름은 근심, 넷째의 이름은 곤궁이다. 네 여자는 자신의 잘못
으로 양심에 고통 받는 파우스트의 마음에 들어와 인간을 절망으로 몰아
붙이는 강력한 영적 힘이다. 그러나 결핍과 곤궁은 파우스트에게 극복된
다. 인간은 가난과 부족함은 쉽게 적응하여 이겨내는 법이다. 인간은 힘겨
운 상황들도 잘 이겨내지 않는가? 죄악도 주인공을 이기지 못한다. 세 여

1620-1625년경 루벤스가 그린 유화 <필레몬과 바우키스의 집에 방문한 제우스와 헤르메스>

자는 파우스트의 마음에 들어가지 못한다.

첫째 여인〉

내 이름은 결핍이에요.

둘째 여인〉

나는 죄악이라고 해요.

셋째 여인〉

내 이름은 근심이에요.

넷째 여인〉

나는 곤궁이라고 해요.

셋이 함께〉

문이 닫혀 있어서, 우린 들어갈 수 없네요.

안에 부자(富者)가 살고 있어서 들어가고 싶지 않아요.

결핍〉

그럼 나는 그림자가 되겠어요.

죄악〉

나는 사라져야지.

곤궁〉

호강에 젖은 사람들은 날 싫어하는데.

근심〉

언니들은 들어갈 수도 없고, 들어가서도 안 돼요.

근심인 나는 열쇠 구멍을 통해 살짝 들어가지만요.

(근심, 사라진다.)

(중략)

근심〉

내 목소리, 귀로는 듣지 못해도,

마음속으론 쟁쟁히 울릴 거예요.

이리저리 모습을 바꾸며

나는 무서운 힘을 발휘한답니다.

오솔길에서도 파도 위에서도

영원히 불안케 하는 길동무로서,

결코 찾지 않았는데도 늘 나타나고

저주도 받지만 아첨도 받는답니다.

그런데 당신은 근심이란 걸 모르시나요?

(중략)

근심〉

누구든 나한테 한번 붙잡히면

그자에겐 온 세상이 소용없게 되지요.

영원한 암흑이 내려와

태양은 뜨지도 지지도 않아요.

바깥의 감각은 멀쩡해 보이더라도

안으로는 이미 어둠이 깃들어 있지요.

온갖 보화들 중 그 어느 것도

제 것으로 소유할 수 없게 됩니다.

행복이든 불행이든 시름으로 변하여,

풍요 속에서 굶주릴 뿐이지요.

즐거운 일이든 괴로운 일이든

다음 날로 미루며

하염없이 앞날을 기다리기만 하니

결코 아무 일도 끝맺지 못해요. (비극 제2부, 한밤중)

괴테는 근심만이 승리해서 주인공 파우스트의 마음을 정복했다고 쓰고 있다. 파우스트는 근심으로 눈이 멀게 된다. 근심은 마음속에서 자신과 자신의 미래에 대해서 비관적인 목소리를 계속 내고 있기 때문에 인간의 영적인 눈을 어둡게 만든다. 하나님을 떠나 길을 잃고 방황하며 엉뚱한 짓들로 자신의 삶을 파괴하게 만든다. 인간의 가장 큰 적이라고 말한다.

인간이 하나님에게 반역하고 에덴동산에서 쫓겨나서 한 일은 성을 만드는 것이었다. 죄로 가득한 세상에서 하나님과 분리된 인간은 자신의 미래와 안전에 대해 늘 불안과 염려에 휩싸이게 된다. 그 결과 인간은 하나님의 구원에 이르지 못하며 살아가게 되는 것이다. 예수님께서 산상설교에서 하나님나라, 복음의 대적으로 가르치시는 것은 바로 근심이다. 이방인들은 하나님을 모르기 때문에 근심과 염려에 사로잡혀 '무엇을 먹을까 마실까 입을까'에 사로잡혀 사는 불행을 겪는다. 그러나 영원한 아버지, 모든 능력으로 자식을 먹이시고 입히시는 하나님을 본 자는 근심하지 않고 복된 삶을 살아간다.

1886-1896년 제임스 티소가 그린 불투명
수채화 <산상수훈>

'오늘 있다가 내일 아궁이에 던져지는 들풀도 하나님이 이렇게 입히시거든 하물며 너희일까보냐 믿음이 작은 자들아 그러므로 염려하여 이르기를 무엇을 먹을까 무엇을 마실까 하지 말라 이는 다 이방인들이 구하는 것이라 너희 하늘 아버지께서 이 모든 것이 너희에게 있어야 할 줄을 아시느니라'(마 6:30-32)

근심에서 벗어난 자는 눈을 뜬다. 하나님을 바라본다. 담대해진다. 그래서 주님 나라를 바라보며 살아갈 수 있고, 세상에서 필요한 모든 것도 얻을 수 있다.

'그런즉 너희는 먼저 그의 나라와 그의 의를 구하라 그리하면 이 모든 것을 너희에게 더하시리라'(마 6:33)

독특한 3+2 구조

흔히 우리가 《파우스트》로 알고 있는 비극 1부와 2부 앞에 저자의 헌사가 나온다. 이어서 무대에 단장과 시인과 어릿광대가 나와 연극의 본질에 대해 논쟁하는 무대에서의 서막이 나오는데 이는 다른 작품에서 찾아볼 수 없는 독특한 부분이다. 또한 주인공 파우스트의 비극이 시작되기 전에 하나님과 악마가 파우스트를 두고 대화하는 천상의 서곡이 나와 배경을 형성한다.

헌사 - 희곡 자체에 대한 저자의 헌사

무대에서의 서막 - 연극 관계자들(흥행과 돈을 원하는 단장, 진리를 소망하는 시인, 많은 관객을 감동시키고 싶은 어릿광대)의 갑론을박

천상의 서곡 - 찬양하는 천사들을 배경으로 하나님과 악마(메피스토펠레스)가 파우스트를 시험하는 데 동의하는 천상회의(욥기의 패러디)

비극 제1부 - 파우스트가 일상의 현장에서 악마와 계약한 후, 그레트헨과의 사랑을 나누는 이야기

비극 제2부 - 파우스트가 궁정에서 성공한 후, 고대의 미녀 헬레나와의 비

극을 넘어, 간척사업을 통해 이상세계를 건설하는 이야기

줄거리

천상의 서곡

욥기와 비슷한 하나님과 악마^(메피스토)와

의 대화이다. 《파우스트》 작품 전체에서 성
경을 인용하거나 패러디하여 재해석한 부
분들이 많이 나온다. 천상의 서곡은 중요한
부분이니 일부를 인용하도록 한다.

1828년 외젠 들라크루아가 그린 석판
화 <비텐베르크 위를 날고 있는 메피
스토펠레스>

주님〉

자네, 파우스트란 자를 아느냐?

메피스토펠레스〉

그 박사 말입니까?

주님〉

나의 종일세!

메피스토펠레스〉

옳거니! 그자는 유별난 방식으로 당신을 섬깁니다.

그 바보의 음료수도 빵도 이 지상의 것은 아닌 게지요.

들끓어 오르는 무언가가 그를 아득한 곳으로 몰아가지만,

그자도 자신의 멍청함을 반쯤은 의식하는 것 같사옵니다.

하늘로부턴 가장 아름다운 별들을 요구하고,

땅에서는 최고의 쾌락을 바라지만,

가까이 있는 것이나 멀리 있는 것이나

깊숙이 울렁이는 그자의 마음을 채워 주지는 못하지요.

주님〉

그가 지금은 혼미한 가운데 나를 섬기지만

나는 머지않아 그를 청명(淸明)한 곳으로 인도할 거네.

정원사는 아는 법이야. 나무가 푸르러지면,

장차 꽃이 피고 열매가 열릴 것임을.

메피스토펠레스〉

내기라도 할까요? 당신이 그자를 잃을 건 뻔해요.

허락만 하신다면 그자를

나의 길로 서서히 끌어들이겠나이다!

주님〉

그가 지상에 살고 있는 동안에,

한번 그렇게 해 보시든가.

인간은 노력하는 동안엔 방황하는 법이니까.

메피스토펠레스〉

아이고, 고맙사옵니다. 실은 내가 죽은 자들한테

관심을 가진 적은 단 한 번도 없어요.

가장 마음에 드는 건 통통하고 싱싱한 뺨이옵니다.

하나님과 메피스토펠레스

송장 같은 건 거들떠보지도 않아요.

고양이가 죽은 쥐를 싫어하듯 말이옵니다.

주님〉

좋아, 자네한테 맡겨 보겠네!

그의 영혼을 그 원천에서 끌어내게.

그리하여 붙들 수만 있다면 그 영혼을

자네의 길로 끌어내려 보게나.

하지만 언젠가는 부끄러워하며 고백하게 될 거네.

착한 인간은 어두운 욕망 한가운데서도,

올바른 길을 잘 알고 있더군요.

메피스토펠레스〉

아무튼 좋습니다. 그리 오래 걸리진 않을 겁니다.

내기는 전혀 걱정 안 해요.

내가 목적을 이룬다면,

목청껏 승리를 외치도록 허락이나 해 주시지요.

그놈은 먼지를 처먹게 될 겁니다. 그것도 게걸스럽게.

나의 아주머니인 저 유명한 뱀이 그랬듯이 말이지요.

비극 제1부 : 젊어진 파우스트와 사랑한 그레트헨, 비극 끝에 구원받다

1부는 막의 구분 없이 장소의 이동을 따라 이야기가 진행된다. 1부와 2부는 형식면에서도 내용면에서도 큰 차이를 보인다. 우선 1부의 장소의 이동을 살펴보자.

밤(방안에서의 고뇌)-성문 앞-서재-서재(계약)-라이프치히의 아우어바흐 지하 술집-마녀의 부엌(젊어짐)-거리(그레트헨 만남)-저녁 무렵(방)-산책길-이웃여인의 집-거리-정원-정자-숲과 동굴-그레트헨의 방-마르테의 집 정원-우물가-성벽의 안쪽 길-밤-성당(그레트헨 오빠의 죽음)-발푸르기스의 밤-발푸르기스의 밤의 꿈 또는 오베론과 티타니아의 금혼식(셰익스피어 연극 상연)-흐린 날, 들판(파우스트의 정신적 고통)-밤, 드넓은 들판-감옥(그레트헨 갇힘)

여기서 알 수 있듯이 1부의 배경은 파우스트의 일상이다. 마녀들의 축

제 공간인 판타지 속의 발푸르기스를 제외하고는 서재와 술집과 거리, 이웃집 등을 벗어나지 않는다. 온갖 지식을 추구해온 파우스트가 자신의 삶에 갈증을 느끼고, 온갖 쾌락을 주겠다는 악마와 영혼의 계약을 한다. 마녀의 묘약으로 젊어진 파우스트는 순수한 여인과 사랑을 하지만, 그녀를 임신시키게 되고 그녀의 가족들도 죽게 만든다. 결국 그레트헨은 사랑의 과정에서 가족의 죽음, 타락에 대한 죄책감과 혼돈 속에 아기까지 물 속에 던져 버리게 된다. 그녀는 죄의 대가를 자청하여 감옥에서 심판을 자청하지만, 천상으로부터 구원을 받는다.

가장 중요한 악마와의 계약 장면을 인용한다.

메피스토펠레스〉
그러시다면 모험해 볼 만도 하군요.
계약을 맺읍시다. 당신은 며칠 내로

1887년 마리아노 바르바산 라게루엘라가 그린 <발푸르기스의 밤>

희희낙락, 소생의 재주를 보시게 될 거외다.
어떤 인간도 경험하지 못한 걸 보여 드리지요.
파우스트〉
자네 같은 가련한 악마가 무얼 보여 준다는 건가?
고귀한 노력을 기울이는 인간의 정신을
자네 같은 존재가 이해한 적이나 있었던가?
기껏해야 질리지 않는 음식 정도는 가졌겠지.
수은처럼 끊임없이 손가락 사이로 흘러내리는
붉은 금덩이를 가졌을지도 모르고.
아니면 결코 이길 수 없는 노름이라든지,
내 품에 안겼으면서도
이웃 남자에게 추파를 던지는 소녀라든지,
혹은 유성처럼 사라져 버리는,
신의 쾌락과도 같은 명예 정도는 가지고 있을 테지.

1856년 헨드릭 얀 아우구스트 레이스가 그린 유화 〈파우스트와 마거리트〉

따기도 전에 썩는 과일이 있다든지,

날마다 새롭게 푸르러지는 나무라도 있다면 보여 주게!

메피스토펠레스〉

그 정도 주문이야 놀랄 일도 아니올시다.

그런 보물 정도는 언제든 대령합지요.

하지만, 여보세요, 만사를 잊고 뭔가 괜찮은 걸

느긋하게 즐기고 싶을 때도 있는 법이지요.

파우스트〉

그래, 한가롭게 침대에나 누워 뒹굴뒹굴한다면,

그길로 나는 끝장이네!

자네가 알랑거리고 잘도 속여

내 스스로 자신에 만족한다든지,

자네가 향락으로 내 눈을 멀게 할 수 있다면,

그것이 나의 최후의 날이네!

그래, 내기를 하자!

메피스토펠레스〉

좋습니다!

파우스트〉

약속은 약속이다!

내가 순간을 향하여

멈추어라! 너 정말 아름답구나! 하고 말한다면,

그땐 나를 사슬에 묶어도 좋아.

기꺼이 파멸의 길을 갈 것이네!

그땐 조종(弔鐘)이 울려도 좋고,

자네는 내 종살이에서 벗어나는 거다.

시계는 멈추고 바늘은 떨어지고,

나의 시간은 그걸로 끝이다!(비극제1부, 서재II)

비극 제2부 : 성공과 미녀, 간척사업 끝에

비극을 맞는 파우스트, 구원 받는다

2부는 5막으로 구분된다. 1부와 2부 사이에 많은 시간 간격이 있고, 새로운 방식으로 글을 썼다는 것이 드러난다. 각 막 별로 무대가 되는 장소를 살펴보도록 하자.

[1막] 우아한 지방-황제의 궁성-작은 방들이 딸린 넓은 홀(무도회)-유원지(황제가 헬레네와 파 리스 소환 명령)-어두운 복도-밝게 불 켜진 홀들-기사들의 방.

[2막] 높고 둥그런 천장의 좁은 고딕식 방-실험실(인조인간 호물쿨루스)-고전적 발푸르기스의 밤-페네이오스 강가-에게 해의 바위 만.

[3막] 스파르타 메넬라오스 왕의 궁전 앞-성채 안마당(헬레네와 결혼)-아르카디아 지방(오이포 리온 탄생과 죽음).

[4막] 험준한 산악 지대-앞산 위에서-반역 황제의 천막, 옥좌.

[5막] 사방이 탁 트인 지방(바우찌스와 필레몬)-궁전(선한 노인들의 죽음-악마가 나봇의 포도 원 언급)-깊은 밤-한밤중(네 명의 잿빛 여자)-궁전의 넓은 앞마당-매장-심산유곡, 숲, 바 위, 황무지(파우스트 구원).

1부와는 다르게 평범한 일상적 공간이 아니라, 독일의 궁정과 과거 트로이 전쟁 시대 고대의 궁전, 간척을 통해 만든 새로운 세상까지 웅장한 판타지의 세계가 2부의 무대다.

2부 1막이 오르면 파우스트는 아름다운 땅에 몸을 눕히고 있다. 그레트헨의 운명에 대한 죄의식에 쓰러진 그가 자연에서 치유되어 왕궁으로 간다. 그는 나라의 경제적인 문제를 해결하며, 큰 공을 세워 황제에게 인정을 받는다. 왕은 그에게 고대의 미녀 헬레네를 소환하라고 요구한다. 실험실의 인조인간 호문쿨루스에 의해 과거로 가서 헬레네를 만난 파우스트는 그녀와 사랑하며 아이도 낳는다. 그러나 사랑하는 아들 오이포리온은 계속 하늘을 날아오르려다가 이카로스처럼 죽음을 당하고, 헬레네와의 행복도 끝이 난다. 다시금 자신의 시대로 되돌아온 파우스트는 간척사업을 통해 황제에게 받은 땅에 이상적인 행복한 세상을 만들려고 한다. 노인 파우스트의 숭고한 노력은 그리스 신화에서 신에게 인정받은 선한 노부부 필레몬과 바우키스를 죽이는 등의 일로 의미를 잃어간다. 양심의 가책으로 괴로워하는 파우스트에게 근심이 스며들어와 그를 실명케 한다. 그러나 그의 용기는 조금도 쇠퇴하지 않는다.

그는 '나는 이러한 인간의 무리를 지켜보며, 자유로운 땅에서 자유로운 백성과 살고 싶다.'고 말하고, 그러한 찰나를 향해 '그러면 나는 순간을 향해 이렇게 말해도 좋으리라. 멈추어라, 그대는 너무도 아름답구나!'라고 외치고 숨이 끊어진다. 계약에서 승리한 메피스토는 그의 영혼을 거두러 온다. 그러나 천사의 무리가 내려와 파우스트의 혼을 천상으로 데려간다. 마지막으로 그레트헨의 혼이 나타나 파우스트를 마리아에게로 데려가 드디어 두 사람은 용서를 받는다.

1부가 주인공 파우스트의 사랑과 개인적인 체험을 주요 테마로 하고 있다면, 2부는 주인공이 나라와 고대사회에까지 드넓은 세계와의 접촉을 통해 성장해 가는 과정을 그리고 있다.

04장

세 상 을 변 화 시 키 는 것 은
혁 명 도 법 도 아 닌 사 랑 이 다

빅토르위고《레 미제라블》

(번역본 : 이형식 역, 펭귄클래식)

불쌍한 사람들에 대한 이야기

《레 미제라블》은 우리나라와 큰 인연이 있는 작품이다. 이 작품은 '해에게서 소년에게'로 유명한 시인 최남선에 의해 일제강점기가 시작되기 직전인 1910년에 잡지《소년》에 처음 소개되었다.《레 미제라블》의 후반부에 나오는 1932년 프랑스 민중혁명 중 바리케이드 항전 대목만 번역

되어 소개되었다. 일제에 항전하자는 의미를 담은 번역이었던 것이 분명하였기에《소년》은 결국 폐간되었다. 1914년 비록 줄거리의 번역이긴 했지만, 최남선에 의해 잡지《청춘》에 소개되었다. 제목은 '너 참 불쌍타'였다고 한다.《레 미제라블》은 영어의 'the poor' 정도에 해당한다. 직역하면 '가난하고 비참하고 불쌍한 사람들' 정도일 것이다.

《레 미제라블》(이형식 역, 2010년,
펭귄클래식코리아)

일제에 의해 유린되는 우리 조선에서 누군가는 살기 위해 빵을 훔치다가 영원한 범죄자의 굴레에서 벗어나지 못하는 쟝 발쟝 같은 사람이었을 것이고, 누

군가는 자식(가족)을 살리기 위해 몸을 팔아야 하는 팡띤느였을 것이고, 누군가는 부모를 잃고 학대 받는 꼬제뜨였을 것이다. 더 비참하게도 누군가는 이 불쌍한 사람들을 체포해야 하는 쟈베르였을 것이고, 누군가는 불쌍한 사람들을 위해 목소리를 높이다가 사랑하는 사람을 두고 죽어가는 마리우스였을 것이다. 너무나 평범하고, 너무나 가난하고, 너무나 비참하고, 너무나 현실적인 인물들을 주인공으로 그리고 있다는 것만으로도 《레 미제라블》은 위대한 작품이다.

1862년 뉴욕 칼레톤출판사에서 출간 된 《레 미제라블》 초판

민중혁명과 《레 미제라블》

스페인 세르반테스의 《돈키호테》, 영국 셰익스피어의 《4대 비극》, 독일 괴테의 《파우스트》와 비교했을 때, 가난하고 비참한 인생을 살아가는 이들에 대해 조명했다는 것만으로도 《레 미제라블》은 특별하다.

1789년 프랑스혁명 이후 로베스삐에르의 공포정치, 나폴레옹의 제정과 수많은 전쟁들, 부르봉 왕가의 왕정복고를 넘나들며 프랑스의 평범한 사람들은 모두 가난하고 비참한 인생을 살았을 것이다. 특별히 《레 미제라블》의 배경은 우리에게 잘 알려지지 않은 1832년 민중혁명이다. 프랑스혁명 이후 프랑스의 여러 작은 혁명들은 주로 왕에 대한 '시민계급'의 권리 요구혁명이었는데 비해, 1832년 민중혁명은 정말 비참한 삶을 살던 사람들의 생존을 위한 작은 외침이었다.

위고가 1832년 혁명을 배경으로 하면서 혁명의 장면을 작품에 삽입한 이유는 정말 가난하고 불쌍한 사람들에 대한 그의 특별한 관심과 사랑이었다고 보아야 할 것이다.

《레 미제라블》 이전에 이렇게 비참하고 불쌍한 하층민이 주인공이 되는 작품은 없었다. 호메로스의 비극적 주인공인 아킬레우스와 오디세우스, 소포클레스의 불행한 주인공 오이디푸스와 안티고네도, 세르반테스의 주인공 돈키호테도, 셰익스피어의 주인공들이 햄릿, 오셀로, 맥베스, 리어, 괴테의 파우스트도 왕이나 귀족, 최소한 높은 지위를 가진 이들이었다. 그러나 《레 미제라블》은 정말 불쌍하고 비참한 사람들을 주인공으로 하면서, 우리에게 그들에 대한 관심을 가지라는 경종을 울리고 있다.

위대한 저자는 이렇게 말했다. '인간이 무지하고 절망적인 곳, 여성이 빵을 위해 자신을 파는 곳, 어린이가 교육이나 따뜻한 가정이 없어서 고통 받는 곳이면 어디라도 《레 미제라블》이 문을 두드리고 이렇게 말할 것이오. 당신을 위해 내가 왔소'

백과사전적 작품 《레 미제라블》

《레 미제라블》은 일반인들에게 빵을 훔치다 감옥에 갔다가 회심한 장발장의 이야기로 알려져 있다. 그 이유는 전체 내용을 요약하기가 불가능하기 때문이 아닐까 싶다. 이 작품은 셰익스피어의 모든 작품을 합친 것만큼 길다. 장 발장이 등장하기 전 미리엘 신부에 대한 내용만 해도 단편소설 한 편 분량이며, 프랑스 혁명과 이후의 여러 봉기들, 워털루 전투 등 역사, 파리 도시 전체의 구조, 파리 하수도의 설계도 등이 어마어마한 분량으로 작품 전체에 흩어져 있다. 위고의 완벽주의, 작가의 엄청난 공부의 양과 지식으로 탄생한 이 작품은 자체적으로 하나의 백과사전처럼 읽는 이를 똑똑하게 만들어준다. 사실 《레 미제라블》의 표지 그림은 가련한 표

정의 어린 여자아이인 경우가 많은데, 쟝 발쟝이 주인공이 아니라고 할 수는 없지만 쟝 발쟝이 사랑하며 키운 불쌍한 아이 꼬제뜨도 역시 주인공이라고 말하고 있는 것이다. 각 인물마다 그 인물이 어떤 역사적, 사회적 배경에서 나오게 되었는지를 매우 사실적으로 그려줌으로, 이 작품의 백과사전적 품격을 느낄 수 있게 해 준다. 영화로, 뮤지컬로, 드라마로 수없이 재탄생했지만, 원작을 도저히 따라갈 수

1879~1882년경 앙리 쥘 장 조프로이가 그린 <쟝발쟝과 꼬제뜨>

없다는 것은 원작자인 위고의 위대함만을 높여 준다.

복음은 특별히 레 미제라블을 향해야 한다

레 미제라블은 '가련하고 불쌍한 사람들'이라는 뜻이다. 소설《레 미제라블》의 가장 위대한 점은 가련하고 불쌍한 사람들을 주인공으로 했다는 데 있다. 작가는 도둑놈, 창녀, 고아 등에게 지대한 관심을 보인다. 위대한 작가가 이런 사람들의 삶을 자세히 서술하는 것 자체만으로 높은 권력자들과 부유한 자들에게 쏠리는 우리의 자연스러운 역겨움을 정화하는 효과가 있다. 작가는 오랜 시간 감옥 생활을 한 도둑놈에게도 얼마나 절박한 사연이 있었는지, 창녀가 되어 죽어가는 한 여인에게도 얼마나 숭고한 모성애가 존재하는지, 온갖 박해를 받으며 살아가는 고아도 얼마나 사랑받을만한 존재인지 가슴이 저미도록 사실적으로 그린다. 게다가 민중봉기에 가담할 수밖에 없는 마리우스도 얼마나 가슴 아픈 과거를 가지고 있는지 자세한 묘사를 아끼지 않는다. 게다가 그야말로 악당 중 악당으로 살아가며 자녀들에게도 존중 받지 못하는 떼나르디에, 그의 딸 에뽀닌느, 그의 아들로 부랑자가 되어 민중혁명의 도화선 역할을 하게 되는 가브로슈 같은 인물에게도 많은 지면을 할애한다. 자신의 행동이 정의를 실현할 것이며 아름다운 세상을 만들 것이라고 확고히 믿고 있다가 자신의 신념이 추락하며 함께 목숨을 던져버린 형사 샤베르에게도 작가는 큰 관심을 보인다. 이 작가의 관심 자체가 이 '레 미제라블'에 대한 사랑이다.

빅토르 위고의 초상화(1876년)

이런 의미에서 《레 미제라블》은 복음적이다. 복음은 레 미제라블을 향해야 한다. 하나님은 이러한 세상을 사랑해서 아들을 보내셨다.

'하나님이 세상을 이처럼 사랑하사 독생자를 주셨으니 이는 그를 믿는 자마다 멸망하지 않고 영생을 얻게 하려 하심이라'(요 3:16)

하나님께서 예수를 보내셔서 우리를 구원하셨다는 복음은 바로 하나님의 지극한 사랑이다. 세상에 살고 있는 가련하고 불쌍한 레 미제라블을 위한 놀라운 사랑이다. 따라서 교회는 기본적으로 이런 레 미제라블을 향해 사랑의 손길을 내밀어야 한다. 지속적으로, 멈추지 않아야 한다. 누가는 예수 탄생의 복된 소식이 가장 낮은 '레 미제라블' 즉 천한 목자들에게 전해졌다고 기록한다.

'그 지역에 목자들이 밤에 밖에서 자기 양 떼를 지키더니 주의 사자가 곁에 서고 주의 영광이 그들을 두루 비추매 크게 무서워하는지라'(눅 2:9-10)

질병으로 고통당하는 '레 미제라블'에게 손을 얹으신 예수님은 사랑이시다.

'해 질 무렵에 사람들이 온갖 병자들을 데리고 나아오매 예수께서 일일이 그 위에 손을 얹으사 고치시니'(눅 4:40)

나인성에 사는 또 다른 '레 미제라블', 자녀를 잃고 슬퍼하는 과부를 불쌍히 여기신다.

'주께서 과부를 보시고 불쌍히 여기사 울지 말라 하시고 가까이 가서 그 관에 손을 대시니 멘 자들이 서는지라 예수께서 이르시되 청년아 내가 네게 말하노니 일어나라 하신대'(눅 7:13-14)

이 외에도 수많은 레 미제라블, 귀신들리고 병든 막달라 마리아와 여러 여인들(눅 8:2-3), 나병환자들(눅 17:12-13), 손가락질 받던 민족의 배신자 삭개오(눅 19:2)에게도 지극한 관심을 보이시고 동행하신 주님의 모습을 기록한 누가복음은 레 미제라블의 기원이며 모판이다. 소설《레 미제라블》은 복음 안에 살아가고 있는 그리스도인에게 우리의 삶과 사역이 과연 이 땅의 수많은 '레 미제라블'을 향해 있는지 묻는다.

하나님의 사랑만이
세상을 변화시킨다

고대 소포클레스의 비극들이나, 근대의 셰익스피어 4대 비극에 나오는 모든 인물들은 왕이나 귀족이며 많은 재산과 권력을 가진 자들이었지만 하나 같이 비극적인 삶의 결말을 맞이한다. 그러나《레 미제라블》은 따뜻하고 아름답게 끝난다. 장 발장은 변화되어 수많은 사람들을 돕는 천사가 되어 계속된 위기 중에도 행복한 삶을 살아가다가 평안하게 죽음을 맞는다. 장 발장이 돌보던 창녀 팡띤느의 딸 꼬제뜨는 결국 아름답게 성장하여 마리우스와 행복한 가정을 이룬다. 딸과 같은 꼬제뜨가 가정을 이루고 행복해 하는 모습을 바라보는 장 발장은 우리 마음을 따뜻하게 한다.

《레 미제라블》은 세상을 변화시키는 근본적인 원인으로 하나님의 사랑을 제시한다. 이 소설의 배경은 프랑스혁명에 이어 계속된 작은 봉기들 중 1832년 6월 봉기였지만, 필자가 볼 때는 이러한 혁명과 봉기들이 세상을 변화시킨다는 메시지를 찾기 어렵다. 오히려 이 소설은 첫 부분에 하나님을 묵상하며 아름다운 삶을 살아가는 성직자 한 사람에게 초점을 맞춘다.

이 소설 1부의 제목은 '팡띤느'다. 하지만 소설의 첫 부분에서 제법 긴 단편소설 한 편 정도 분량으로 하나님을 사랑하는 성직자 미리엘 주교를 소개한다. 《레 미제라블》에서 그다지 큰 비중을 차지하지 않을 것 같은 그의 삶을 첫 부분에 너무나 자세하게 묘사하는 것은 작가의 분명한 의도가 반영되어 있는 것이다.

이 소설의 모든 이야기는 미리엘 주교에게서 파생되었다. 미리엘 주교에게 감명을 받아 변화된 장 발장은 한 도시를 풍요롭게 하고, 창녀 팡띤느와 꼬제뜨에게 소망을 준다. 나쁠

1886년 일러스트레이터 에밀 바야르가 판화로 제작한 《레 미제라블》 삽화 꼬제뜨

레옹의 전쟁으로 목숨을 잃고 할아버지와도 사상적으로 대립하여 외롭게 살다가 민중 봉기에 참여하여 죽을 뻔한 위기에 처했던 마리우스가 구원 받아 꼬제뜨와 아름다운 가정을 이루게 된 것도 쟝 발쟝을 변화시킨 미리엘 주교에게서 근원을 찾을 수 있다.

쟝 발쟝은 '마들렌느'라는 이름으로 과거를 숨기고 한 도시의 시장으로 살아가던 중 자신의 죄를 억울하게 뒤집어 쓴 '샹마튜'라는 노인이 결백함을 드러내기 위해 스스로 재판정에 나아간다. 다음은 그 일부분이다.

> 재판관님들, 저의 말씀을 경청해 주십시오. 저처럼 천하게 추락한 사람이 섭리를 향하여 아뢸 것이 있을 수 없고, 사회에 해줄 조언 또한 있을 수 없을 것입니다. 그러나 제가 떨쳐 버리려고 발버둥 치던 그 치욕은 분명 해로운 것입니다. 도형장들이 도형수들을 만들어냅니다. 그 점을 잊지 마시기 바랍니다. 도형장으로 보내지기 전에는 제가 지능이 거의 없는 가없은 촌사람이었습니다. 일종의 백치였습니다. 그러나 도형장이 저를 바꾸어 놓았습니다. 바보였던 제가 악의적으로 변했습니다. 장작이 불똥으로 변한 것입니다. 그리고 훨씬 후에, 저를 파멸시켰던 가혹함과는 달리, 너그러움과 어짊이 저를 구출해 주었습니다.(제1부 제7편, 11 점점 더 놀라는 샹마튜)

작가는 이 구절을 통해 자신의 신념을 밝히고 있다. 미리엘 주교의 사랑이 세상을 변화시킨다는 것이다. 그러나 조금 더 나아가면 미리엘 주교는 하나님을 만난 사람이다. 하나님을 묵상하며 그 사랑에 젖어 살아가던 사람으로 묘사된다. 결국 세상을 변화시키는 것은 하나님의 사랑인 것이다. 하나님의 사랑을 누린 이들을 통해 세상은 변화되어 간다. 감옥도, 제도도, 어떤 교육도 사람을 변화시키지 못한다. 공자와 맹자와 중국인들이 세상을 변화시키는가? 로마의 법이 세상을 변화시키는가? 프랑스의 혁명들이 세상을 변화시키는가? 세상을 변화시키는 힘은 결국 하나님의 사랑밖에 없다.

룻기를 보자. 하나님의 사랑을 입은 보아스가 절체절명의 위기에 빠져 있는 룻에게 사랑을 베푼다. 하나님의 사랑을 입은 룻이 홀로 남겨질 위기에 처한 늙은 여인 나오미에게 인애를 베푼다. 보아스는 시어머니를 위해 이삭을 줍는 룻을 만나 하나님의 사랑이 임하기를 축복한다.

'여호와께서 네가 행한 일에 보답하시기를 원하며 이스라엘의 하나님 여호와께서 그의 날개 아래에 보호를 받으러 온 네게 온전한 상 주시기를 원하노라 하는지라'(룻 2:12)

그리고 보아스는 손해를 감수하며 룻의 기업 무를 자가 되어 준다. 하나님께서는 보아스의 가문을 축복하시고, 그의 가문은 구원자의 모형 다윗의 가문이 되었으며, 메시아의 가문이 되었다.

'살몬은 보아스를 낳았고 보아스는 오벳을 낳았고 오벳은 이새를 낳고 이새를 다윗을 낳았더라'(룻 4:21-22)

1862년 귀스타브 브리옹이 그린 《레미제라블》의 미리엘 주교

세상을 선하게 변화시키는 힘은 하나님의

사랑에 있다. 이 사랑이야기는 예수님을 세상에 보내셔서 죽으시고 부활하여 하나님 나라를 성취하신 복음 이야기이다. 결국 복음이 '미리엘 주교에게처럼 건강하게 작동한다면' 세상은 변화되는 것이다.

선으로 악을 이기는 비결

이 소설에서 끝없는 긴장을 발생시키며 이야기를 끌고 가는 요소는 타협 없는 정의를 추구하는 형사 쟈베르와 그에게 쫓기는 쟝 발쟝의 추격전이다. 쟝 발쟝은 쟈베르에게서 벗어나려고 마들렌느, 포슐르방으로 이름을 바꿔가며 도망자의 삶을 살아간다. 쟈베르를 악인으로 단정하는 것은 어렵다. 그는 나름의 정의에 충실하기 때문이다. 그러나 범죄자가 아니라 선행을 끝없이 행하는 마들렌느 시장(쟝 발쟝), 어린 꼬제뜨를 돌보며 불쌍한 사람들에게 돈을 쥐어주는 표슐르방 노인(쟝 발쟝)을 맹목적으로 체포하려는 쟈베르의 행위는 순진과 무지에서 나오는 악으로 규정해도 무방할 것이다.

1862년 귀스타브 브리옹이 그린 《레 미제라블》의 쟈베르

쟝 발쟝은 민중 봉기의 현장에서 쟈베르를 죽일 기회를 얻는다. 하지만 쟈베르를 그냥 풀어주고, 도주의 길을 떠난다. 자신을 죽이지 않는 쟝 발쟝의 결정은 쟈베르의 세계관을 뒤흔들었다. 쟝 발쟝의 선은 정의로 포장된 쟈베르의 악을 무너뜨렸다. 작품 일부를 인용해 본다.

그의 뇌리를 무겁게 짓누르고 있던 것은 쟝 발쟝과 관련

된 일이었다.

장 발장이 그를 산산이 흩어놓았다. 평생 그의 버팀목들이었던 모든 공리들이 그 사람 앞에서 우르르 무너졌다. 쟈베르에게로 향한 장 발장의 관용이 그를 심하게 짓눌렀다. 그가 기억하고 있던, 그리고 과거에는 거짓이나 미친 짓으로 치부했던 일들이, 이제 사실처럼 그의 뇌리에 되살아났다. 마들렌느 씨가 장 발장의 뒤에 다시 나타났고, 그 두 얼굴이 포개어져 하나가 되었으며, 하나로 합쳐진 얼굴은 숭고하였다. 쟈베르는 끔찍한 무엇이 자기의 영혼 속으로 침투하는 것을 느꼈다. 그것은 도형수에게로 향한 찬미였다. 도형수에게로 향한 존경심이라니, 그것이 있을 수 있는 일인가? 그는 그러한 생각에 몸서리를 치면서도 찬미하는 마음으로부터 벗어날 수가 없었다. (제5부 제4편 궤도를 이탈한 쟈베르)

바울의 권면이 기억난다.

'내 사랑하는 자들아 너희가 친히 원수를 갚지 말고 하나님의 진노하심에 맡기라 기록되었으되 원수 갚는 것이 내게 있으니 내가 갚으리라고 주께서 말씀하시니라 네 원수가 주리거든 먹이고 목마르거든 마시게 하라 그리함으로 네가 숯불을 그 머리에 쌓아 놓으리라 악에게 지지 말고 선으로 악을 이기라' (롬 12:19-21)

다윗은 자신을 죽이려고 혈안이 되어 있는 사울을 살려주었다. 하나님께서는 사울을 데려가시고, 다윗을 높이셨다. 선으로 악을 대처하면 결국 승리한다. 하나님이 도우신다. 이 믿음은 우리를 원한과 상한 마음으로부터 구원해 준다. 이 믿음은 우리를 선으로 포장된 원수 갚음의 죄로부터 구원해 준다. 배신한 제자들도 용서하고 찾아가셔서 음식을 주시며 품어

주신 예수님의 모습이 마음에 파도처럼 부서진다.

하나님에 대한 묵상이 아름다운 인생을 만든다

이 소설은 미리엘 주교에 대한 매우 길고 자세한 서술로 시작한다고 이미 앞에서 말했다. 그가 얼마나 검소하며, 자신에게 주어진 물질로 얼마나 많은 사람들을 돕는지, 그의 일상이 얼마나 단순하고 거룩한지 자세히 묘사된다. 그 중에 하나. 그의 습관은 이러했다. 그는 책을 읽다가 문득 묵상하며 글을 남기곤 했다. 그는 하나님을 늘 묵상했다. 제1부 제1편에 나오는 미리엘 주교의 묵상을 옮겨본다.

오! 존재하시는 당신이시여!

「전도서」는 당신을 가리켜 전능함이라 하고, 「마카베오」는 당신을 가리켜 창조자라 하고, 「에페소인들에게 보낸 편지」에서는 당신을 자유라 부르고, 바룩은 당신을 광대무변함이라 하고, 「잠언」은 당신을 가리켜 지혜와 진리라 하고, 요한은 당신을 빛이라 하고, 「열왕기」는 당신을 주님이라 부르고, 「출애굽기」는 당신을 가리켜 섭리라 하고, 「레위기」는 당신을 가리켜 신성함이라 하고, 「에즈라」는 당신이 정의라 하고, 창조는 당신을 가리켜 신이라 하고, 인간은 당신을 아버지라 부릅니다. 그러나 솔로몬은 당신을 가리켜 자비라고 합니다. 그런데 그것이 당신의 모든 이름들 중 가장 아름답습니다.(제1부 제1편 5. 비앵브뉘 주교님의 너무 낡은 소따나)

세상을 변화시키는 미리엘 주교의 아름다운 삶은 하나님에 대한 묵상

에서 나왔다. 세상의 교훈이나 이데올로기에서, 혁명가들의 가열찬 열정이나 현자들의 난해한 가르침에서 나오지 않았다. 세상에 존재할 수 없는 하나님의 놀라운 사랑에 대한 묵상에서 나왔다.

시편 1편은 우리 인생에 대해 다음과 같이 기록한다.

'복 있는 사람은 악인들의 꾀를 따르지 아니하며 죄인들의 길에 서지 아니하며 오만한 자들의 자리에 앉지 아니하고 오직 여호와의 율법을 즐거워하며 그의 율법을 주야로 묵상하는도다'(시 1:1-2)

여호와 하나님과 그분의 말씀을 묵상하는 것만이 인생을 아름답고 복되게 만든다. 그렇지 않으면 악인들을 따라 죄인들을 따라 오만한 자들을 따라 온갖 악을 행하는 인생이 된다. 우리의 생각과 세상을 바라보는 관점이 어디서 나오는지 깊이 성찰해 볼 필요가 있다. 지금 우리가 소망하는 것들이 악인들의 성공과 죄인들의 계략과 오만한 자들에 대한 부러움으로 만들어지진 않았는지 점검해 보자. 하나님에 대한 묵상으로 우리의 삶을 형통하게 하리라는 말씀을 굳건히 붙들며 살아가길 소망해 본다.

'그는 시냇가에 심은 나무가 철을 따라 열매를 맺으며 그 잎사귀가 마르지 아니함 같으니 그가 하는 모든 일이 다 형통하리로다'(시 1:3)

구조

총 5부로 되어 있다. 각 부의 제목은 4부만을 제외하고 주요 인물의 이름이다. 주인공 격인 쟝 발쟝은 마지막 5부의 제목이며, 그의 도움을 받다가 가련한 죽음을 맞는 팡띤느가 1부, 그의 딸이자 온갖 고생을 하다가 어머니의 죽음 이후 양부 역할을 하는 쟝 발쟝의 도움을 받아 행복으로 나아가는 꼬제뜨가 2부, 그 가련한 아이의 애인이자 민중 봉기의 선봉장에 서는 마리우스가 3부의 제목이다. 4부는 가난한 민중들의 봉기와 꼬제뜨가 마리우스와 시작한 사랑의 배경이 되는 거리의 이름이다. 팡띤느(불쌍한 여인) – 꼬제뜨(그 여인의 딸) – 마리우스(그 딸의 애인) – 쟝 발쟝(그 불쌍한 사람들을 돕는 자) 순서로 제목이 붙어 있다.

줄거리

1부 : 팡띤느(쟝 발쟝이 운영하는 공장 직원으로 딸을 남기고 죽음)

소설은 '의인' 미리엘 주교를 수십 페이지에 걸쳐 소개하면서 시작된다.

1815년, 샤를르-프랑수와-비앵브뉘-미리엘 씨는 디뉴 지역 주교였다. 나이 일흔 다섯 가량의 노인으로, 그는 1806년부터 디뉴의 주교직을 맡고 있었다.

다음의 지엽적인 사실들이 우리가 할 이야기와 실제로는 하등의 관련이 없더라도, 그리고 다만 모든 것을 정확히 해두려는 뜻에 불과하지만, 그가 교구로 부임하던 무렵 떠돌던 소문과

1886년 마가렛 버나딘 홀이 그린 유화 <팡띤느>. 프랑스혁명 후 버림받은 미혼모의 슬픔과 가난을 보여준다.

이런저런 말들을 여기에서 간략히 소개하는 것이 아마 부질없지는 않을 것이다. 그것이 사실이건 거짓이건, 어떤 사람들에 대해 하는 이야기들이, 실제 그들의 행위에 못지않게 그들의 삶에, 특히 그들의 운명에 영향을 끼친다.(제1부 제1편 의인 1. 미리엘 씨)

이 미리엘 신부가 불쌍한 주인공 쟝 발쟝을 만나게 된다. 가난으로 인해 조카들이 굶게 되자 빵을 훔치다 5년형을 받은 쟝 발쟝은 4번의 탈옥으로 14년의 형량이 더해져 19년을 살다 나온다. 전과로 인해 식당과 여관에서도 거부되는 처지에 놓이고 세상에 적개심을 품는다. 그는 미리엘 주교의 도움으로 그의 주교관에 머물지만, 은식기들을 훔친다. 하지만 주교는 그의 죄를 덮어주기 위해 거짓말을 하고, 은촛대까지 선물한다. 주교의 은혜로 새 사람이 된 쟝 발쟝은 과거를 숨기고 마들렌느라는 이름으로 몽트뢰이유-쉬르-메르 시에 거주하며 구슬 산업을 크게 일으켜 성공을 거둔다. 도시의 발전에 대한 공헌과 여러 선행으로 결국 시장이 된다. 그

러던 중 쟈베르라는 형사가 그의 정체를 의심하며 뒤를 밟는다.

쟝 발쟝(마들렌느)의 공장에서 일하던 팡띤느라는 여성이 있었는데, 사랑하던 남자에게 버림 받고 홀로 딸을 낳아 사기꾼 같은 사람들에게 맡기고 노동으로 양육비를 갚아가던 여성이었다. 그녀는 억울한 이유로 공장에서 쫓겨나고, 결국 매춘의 세계로 들어간다. 그녀의 사정을 알게 된 쟝 발쟝은 쟈베르 형사에 의해 체포될 뻔한 팡띤느를 구해주고, 쟈베르는 마들렌느 시장이 몇 가지 혐의를 받고 잠적한 쟝 발쟝이라고 보고를 한다. 그러나 상마튜라는 노인이 쟝 발쟝의 혐의를 가지고 재판을 받고 있다는 사실이 알려진다. 쟈베르는 쟝 발쟝에 대한 의심을 거두지만, 쟝 발쟝은 양심에 가책을 느끼며 고민한다. 그리고 상마튜가 재판을 받는 법정에 가서 자신이 쟝 발쟝임을 자백한다. 그리고 죽어가는 팡띤느를 찾아간다. 그녀는 쟝 발쟝에게 자신의 딸 꼬제뜨를 부탁하고 죽는다.

2부 : 꼬제뜨(팡띤느의 딸)

2부는 나폴레옹을 몰락시킨 워털루 전투의 현장 우고몽을 묘사하며 시작된다. 워털루 전쟁의 현장을 묘사하는 가장 마지막 장면에서 떼나르디에라는 남자가 등장한다. 이 남자는 쟝 발쟝이 시장으로 일하던 도시에서

1815년 윌리엄 새들러가 그린 유화 <워털루 전투>

여관을 하며 돈을 버는 데에만 혈안이 된 사람이다. 그는 불행한 삶을 마감한 팡띤느의 딸 꼬제뜨를 양육하면서 돈을 뜯어내기 위해 온갖 술수를 벌인다. 그는 과거에 워털루 전투 현장에서 부상으로 죽어가는 사람들의 물건을 훔치다가 장교 뽕메르 씨를 구해주는데, 그는 꼬제뜨의 연인이 되는 마리우스의 아버지였다.

한편 쟝 발쟝은 자신의 죄를 자백하고 감옥에 수감되었지만, 꼬제뜨를 구해내기 위해 전함에서 병사를 구출하는 과정을 이용해 탈옥에 성공한다. 자유의 몸이 된 그는 악독한 떼나르디에 부부에게 돈을 지불하고 학대를 받고 있는 꼬제뜨를 구해낸다. 두 사람은 아버지와 딸처럼 서로 진실하게 사랑하며 은밀하게 빠리에 정착한다. 쟝 발쟝은 자신의 정체를 숨기기 위해 보잘 것 없는 차림새를 하고 살아간다. 또한 숨겨둔 돈으로 선행을 행하며 미리엘 주교의 정신을 이어간다. 그러나 그의 정체를 형사 쟈베르가 눈치 채고, 그는 다시 도망자 신세가 된다. 다행스럽게도 그와 꼬제뜨는 빠리의 쁘띠-삑쀠스 수도원에 숨게 되었고, 거기서 포슐르방 노인을 만나게 된다. 이 노인은 예전에 쟝 발쟝이 마들렌느라는 이름으로 시장으로 일할 때 도움을 받았던 인물이었다. 그 덕분에 쟝 발쟝은 쟈베르의 수사망을 피해 수도원에서 살 수 있게 된다. 꼬제뜨는 그의 품에서 무럭무럭 성장해간다.

3부 : 마리우스(꼬제뜨의 연인)

3부는 또 하나의 주요 인물인 마리우스의 출신 배경을 소개하면서 시작된다. 빠리라는 도시에 대해서, 빠리가 만들어내는 정신과 그 영향력에 대해서 칭송하면서, 빠리의 부랑자들을 소개하는데 그 중 하나가 사기꾼 떼나르디에의 아들 가브로슈다. 이 부랑자들이 후에 빠리 민중혁명에 마리우스와 함께 가담하는 무리가 된다.

꼬제뜨의 연인이 되는 마리우스 뽕메르는 나뽈레옹에게 남작 작위를 받은 군인 아버지에게서 태어나 고아가 되어 골수 왕당파인 외할아버지의 손에서 자란다. 그의 아버지(죠르주 뽕메르)는 2부가 시작할 때 묘사되는 워털루 전투의 현장에서 떼나르디에에게 구출되었던 장교였다. (작품 속에서 인물들의 연결은 대부분 좀 억지스러운 면이 있다.) 그의 아버지는 나뽈레옹의 몰락으로 경제적인 능력이 거의 없어졌고, 사상적으로 맞지 않아 장인 질노르망 씨에게 의존하지 않고 가난하게 살아간다. 왕당파인 질노르망과 나폴레옹파였던 죠르주는 서로 사상적인 갈등이 있었고, 마리우스는 외할아버지에게 아버지 이야기를 거의 듣지 못하고 자란다. 외할아버지 손에서 왕당파 사람들만 보고 자란 마리우스는 아버지의 죽음이 임박했다는 소식을 듣고 아버지를 찾아가지만, 아버지는 세상을 떠났다. 그는 마뵈프라는 노인을 만나 아버지에 대해 듣게 되고 반왕당파적

2019년 PBS에서 방영된 드라마 《걸작: 레 미제라블》에서 마리우스와 꼬제뜨의 장면

성향을 갖게 되며 나뽈레옹파가 된다.

　마리우스는 왕당파(반혁명파)인 외할아버지 질노르망과 의절하고 혼자서 궁핍한 생활을 이어간다. 그러던 도중 마리우스는 공화정을 지지하는 그룹 'ABC의 벗' 회원들과 만나게 되어 친분을 쌓고, 후에 민중혁명의 일원이 된다. 시대가 가족들을 의절하게 만들었다. 왕당파(외할아버지), 나뽈레옹파(아버지), 공화파(마리우스)는 18세기 후반에서 19세기 중반까지 프랑스를 대표하는 정치적 입장이다. 그러던 어느 날 그는 빠리 뤽상부르 공원에서 쟝 발쟝과 산책중인 꼬제뜨와 만나 사랑에 빠지게 된다. 하지만 쫓겨 다니는 쟝 발쟝이 마리우스를 의심하면서 둘은 작별인사도 하지 못하고 헤어진다.

　한편 마리우스의 옆집에 꼬제뜨를 학대했던 떼나르디에가 이름을 바꾸고 가난하게 살고 있었다. 그는 사기행각을 벌이며 가난한 빠리의 빈민으로 살아간다. 우연히 그는 쟝 발쟝이 자신의 집에 적선을 하러 왔을 때 쟝 발쟝임을 눈치 채고, 그를 붙잡아 돈을 뜯어내려 한다. 이상한 상황을 눈치 챈 마리우스가(쟝 발쟝과 쟈베르의 관계를 알지 못하고) 쟈베르 형사에게 신고하여 현장에 찾아오고, 쟝 발쟝은 몰래 창문으로 도망친다. 쟈베르는 도망간 피해자의 행방을 수상히 여기고, 쟝 발쟝과 꼬제뜨는 또 다시 도주한다.

4부 : 쁠뤼메 거리의 목가와 쌩-드니 거리의 영웅전(민중혁명과 사랑이야기)
　4부는 역사적 배경을 설명하며 시작한다. 프랑스혁명에 이어 공화국이 세워지고, 다시 나뽈레옹이 등장하여 제정으로 이행되었다가, 왕정복고가 이루어지는 등 혼란을 거듭하고 있는 빠리의 모습이다. 이 정치적 혁명의 소용돌이 속에서 진정으로 고통당하는 이들은 민중들이었다. 1830

년대가 시작되면서 민중들의 삶은 정말 고통스러운 상황이 되었다.

장 발쟝은 빠리의 쁠뤼메 거리에 있는 집에 과거에 자신을 도왔던 노인 포슐르방의 이름으로 잠입하여 은밀히 거주한다. 마리우스는 갑자기 사랑하는 꼬제뜨를 만날 수 없는 상황이 된다. 이 상황에서 그는 에뽀닌느라는 여성의 도움을 받는다. 그녀는 마리우스의 옆집에 살던 부랑자 떼나르디에의 딸로, 마리우스를 사랑하지만 그가 꼬제뜨를 사랑한다는 사실을 알고 둘의 사랑을 돕는다. 이렇게 마리우스는 꼬제뜨가 사는 곳을 알아내게 되고, 둘은 다시 만나서 사랑을 키워간다. 그 사이 쟈베르에게 체포되었던 떼나르디에는 탈옥에 성공해 다시 한 번 장 발쟝에게 돈을 뜯어내려 한다. 하지만 떼나르디에의 습격은 마리우스를 짝사랑하는 딸 에뽀닌느의 방해로 실패한다.

장 발쟝은 쫓기는 상황을 두려워하여 영국으로 이주하려 한다. 이때는 1832년, 빠리는 혁명의 바람에 휩싸여 도시 곳곳에서 바리케이드가 만들어지며 시가전이 벌어진다. 마리우스가 가담한 'ABC의 벗' 멤버들도 이 혁명에 참가한다. 꼬제뜨가 떠나버린다는 소식을 듣고 희망을 잃어버린 마리우스도 혁명의 현장 쌩-드니 거리로 향한다. 떼나르디에의 아들 가브로슈를 중심으로 삶의 희망이 없는 부랑자 아이들이 거리에서 벌이는 저항의 몸부림을 묘사하며 4부가 마무리된다.

1830년 외젠 들라크루아가 유화로 그린 유화 <민중을 이끄는 자유>

5부 : 쟝 발쟝

빠리에 만들어진 혁명참가자들의 바리케이드를 사이에 두고 치열한 전투가 벌어진다. 마리우스는 혁명의 현장에서 죽을 뻔한 위기를 넘기며 갑자기 나타난 쟝 발쟝의 손에 구출된다. 쟝 발쟝은 자신의 숙적 쟈베르를 죽일 기회를 얻지만 그를 풀어준다. 쟝 발쟝은 마리우스를 어깨에 메고, 빠리의 하수도로 몸을 숨긴다. 빠리의 하수도의 역사와 구조에 대한 긴 서술이 이어지고, 그 빠리의 하수도를 이용한 목숨을 건 도주가 성공을 거둔다. 이 상황에서 쟝 발쟝을 쫓던 쟈베르는 자신이 믿어왔던 가치관이 무너지는 체험을 한다. 그리고 그동안 자신이 불쌍한 사람들에게 가혹하게만 대했다는 사실에 큰 죄책감을 느끼며 강에 몸을 던져 자살한다.

구출된 마리우스는 부상이 심했지만 점차 회복되고 꼬제뜨와 결혼하게 된다. 그 둘은 쟝 발쟝이 예전에 벌었던 돈으로 풍요로운 결혼 생활을 하게 된다. 꼬제뜨와 마리우스는 쟝 발쟝에게 함께 살자고 제안 하지만 쟝 발쟝은 마리우스에게 자신의 과거를 실토하며 자신이 잡힌다면 집안에 큰 해악이 될 거라며 집에서 나오게 된다. 마리우스는 쟝 발쟝의 어두운 과거가 꼬제뜨에게도 해가 될까봐 그를 멀리 한다. 꼬제뜨도 마리우스와의 사랑의 단꿈에 젖어 점점 쟝 발쟝을 멀리하고, 결국 꼬제뜨와 멀어진 쟝 발쟝은 살아 갈 힘을 잃게 된다.

《레 미제라블》에 삽입된 귀스타브 브리옹의 삽화 <코제트를 처음으로 보는 마리우스>

137

장 발장의 죽음이 임박했을 때 부랑자 떼나르디에는 변장을 하고 마리우스를 찾아가 집안에 범죄자가 있다며 진실을 이야기해주는 대가로 돈을 요구한다. 그는 장 발장이 범죄를 저지르고 도주한 사람이며, 몽트뢰이유-쉬르-메르 시에서 시장이었다는 것과, 하수구에서 장 발장이 시체를 들고 빠져나가고 있었다는 걸 보았다고 말한다. 그러나 이 고발은 장 발장이 마리우스의 생명의 은인이며, 그가 바로 많은 사람들에게 존경 받았던 성인임을 깨닫게 한다. 마리우스는 꼬제뜨와 함께 장 발장을 찾아가 용서를 빈다. 장 발장은 꼬제뜨에게 어머니 팡띤느와 자신의 인생에 관한 모든 이야기를 마치고 숨을 거둔다.

05장

죄 에 대 한
모 든 것 을 파 헤 치 다

도스토예프스키《죄와 벌》

(번역본 : 김희숙 역, 을유세계문학전집)

단연코 기독교 작가인
도스토예프스키(1821-1881)

도스토예프스키에 대한 문학비평가들의 다양한 소개를 읽어보면 그를 기독교와 연결시키지 않으려는 노력들이 보인다. 이 위대한 작가가 기독교 신앙을 끝까지 지키고 수도원에 묻힌 사실이나, 그의 작품 속에서 기독교 신앙을 대놓고 긍정적으로 묘사한 부분들이 강조되지 않는 것은 기독교를 거부하는 지금의 시대정신이 반영된 결과인 것 같다. 그가 속한 교파가 러시아 정교회였기에 개신교 쪽에서도 카톨릭 쪽에서도 그를 높이 평가하지 않는 측면도 있다. 게다가 도박으로 점철된 그의 삶이 기독교 신앙과 어울리지 않는 것이 사실이다. 하지만 문학가로서 성숙한 그의 후기 작품들은 그가 기독교 작가라는 사실에 전혀 이의를

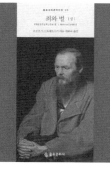

1866년 발행된 초판 《죄와 벌》의 표제지(좌)
《죄와 벌》(김희숙 역, 2012년, 을유문화사)(우)

제기할 수 없게 만든다.

대표작《죄와 벌》은 물론이고《악령》이나《까라마조프 형제들》등 다른 작품들에서도 그는 러시아에 확산되던 사회주의 사상을 거부하고 기독교 신앙을 사회의 소망으로 제시한다. 그는 인간 본성의 변화는 결국 신앙으로 가능하다는 메시지를 대표작들 안에서 분명히 밝히고 있다.《죄와 벌》에서는 신실한 신앙을 소유한 여인 소냐가 무신론자 라스콜니코프의 변화를 이끌어내고 있고,《까라마조프가의 형제들》에서도 신실한 신앙을 가진 알료샤가 세상을 변화시킬 수 있는 희망으로 제시되고 있다. 정치범으로 체포되어 10년 간 시베리아로 유배되었던 30대에 그는 사회주의 사상의 허망함과 해악을 깨닫고 성경을 열심히 읽으며 기독교로 온전히 귀의하게 되었다. 그는 단연코 기독교 작가다.

사회주의 혁명 사상에 강하게 반대한
천연기념물 소설가

도스토예프스키는 처녀작《가난한 사람들》이라는 작품으로 베스트셀러 작가가 된 20대에 러시아의 젊은 지식인층 대부분이 따랐던 사회주의 사상에 깊이 심취하게 되었다. 그리고 사회주의 혁명에 가담한 자들을 소탕하기 위해 기획된 이른바 '페트라셰프스키 사건(1849)'에 연루되어 사형선고까지 받게 되었다. 물론 이 사건은 겁을 주기 위한 목적이었기에 형 집행 직전에 황제의

1894년 영국에서 출판된《가난한 사람들》영문 초판의 표제지

명으로 취소되었다. 그러나 그가 이 사건에서 받은 정신적인 충격은 일평생 따라다녔다. 그는 평생 간질을 앓게 되었다. 징역형으로 감형 받은 작가는 작품의 주인공 라스콜니코프처럼 시베리아로 유배되었고, 4년 후 출옥하여 시베리아에서 군인으로 근무하며 결혼 한 후에 상트페테르부르크로 귀환할 수 있었다.

결국 그는 사회주의 혁명 사상에 깊이 심취했으나, 그 사상에 강한 회의를 느끼게 되었다. 시베리아 유배 중에 그는 성경을 읽고 원래의 기독교 신앙으로 회귀하게 된다. 더 이상 혁명 사상에서 소망을 발견하지 못했던 것이다. 《죄와 벌》에서는 나폴레옹 3세의 사상에 심취한 주인공 라스콜니코프가 살인 계획을 정당화하며 결국 실행하고 만다. 《까라마조프가의 형제들》에서는 무신론자이자 혁명 사상에 심취한 이반이 친부살해를 교사하는 악인으로 등장한다. 《악령》에서는 무신론적 혁명 사상을 악령으로 묘사하며, 그것에 이끌린 사람들은 군대 귀신으로 호수에 뛰어들어 죽는 돼지떼처럼 그리고 있다. 40대 이후에 쓴 완성도 높은 그의 후기 작품들은 자신이 한 때 추종했던 사회주의 혁명사상에 대한 환멸과 강력한 거부를 드러낸다. 동시에 사람을 변화시키고 세상에 소망을 주는 기독교 신앙에 대한 신뢰와 믿음이 강조된다. 이상적인 혁명 사상에 심취해 있던 문학가들 중에 도스토예프스키는 천연기념물이라 부를 수 있을 것 같다. 그가 경험한 세상 속에서 분명 사회주의 사상보다는 신앙이 인간을 바꿀 수 있는 소망이었다. 그리고 그는 탁월한 펜대의 달란트로 인간과 세상의 본질과 신앙에

1872년 바실리 페로프가 유화로 그린
<표도르 도스토예프스키의 초상>

의한 변화의 가능성까지도 매우 탁월하게 그려냈다. 우리로서는 그저 감사할 따름이다.

도스토예프스키,
돈을 위해 펜을 들다.

이 소제목은 러시아문학 전문가인 석영중 교수의 책 제목이다. 도스토예프스키는 베풀기 좋아하는 성격과 도박에 중독되어 평생 돈에 쪼들려 살아간, 어찌 보면 유명한 작가가 된 이후에도 돈을 위해 어쩔 수 없이 소설을 써야 했던 특이한 이력을 가지고 있다. 선불로 원고비를 받고 날짜에 맞추어 겨우 원고를 넘기는 일이 많았다고 한다. 그의 작품이 유난히 긴 이유가 원고의 분량에 따라 돈을 받았기 때문이라는 말이 있을 정도다. 다음은 부유한 귀족 출신 작가 투르게네프에게 도스토예프스키가 돈을 구하는 편지다.

가장 친절하시고 가장 존경받으시는 선생님 저는 겨우 닷새 전에 비스바덴에 도착했습니다. 그러나 이미 모든 것을 잃었습니다. 제 시계를 포함하는 모든 것을 말입니다. 게다가 저는 호텔에 빚까지 졌습니다. 제 자신이 싫습니다. 그러나 당장 도움을 청할 사람이 아무도 없습니다. 저는 한 인간이 다른 인간에게 청하듯 선생님에게 100달러를 청합니다.《독서문고》라는 잡지에서 제가 떠날 때 돈을 보내겠다고 약속했습니다. 그리고 또 저를 '반드시 도와줘야만 하는' 한 신사에게서 돈이 오기를 기대하

《도스토예프스키, 돈을 위해 펜을 들다》(석영중 지음, 2008년, 예담)

고 있습니다. 3주 내에 돈을 갚는다는 것은 어려워 보입니다. 그렇지만 물론 그보다 더 이를 수도 있습니다. 제 사정은 정말 끔찍합니다. 더욱이 저는 선생님을 방해하는 것이 창피해 죽을 지경입니다. 그러나 물에 빠진 사람한테 더 이상 무엇을 기대하겠습니까? 하지만 … 만일 … 선생님이 비스바덴에 안 계시면 어쩌지요?

1865년 8월 3일 당신의 충실한 도스토예프스키 올림

이 위대한 작가는 빈민 병원 의사의 둘째 아들로 태어나 취업을 중시하던 아버지에 의해 상트페테르부르크 공병학교를 나왔다. 문학과 사색을 좋아하던 그는 바로 진로를 바꾸어 20대 중반에 베스트셀러 작가가 되었다. 그는 소설가로서 일찍 성공했으나 평생 돈에 쪼들리며 살아서 그런지 그의 작품 속 인물들은 대부분 돈과 연관된다.《죄와 벌》은 돈의 노예인 전당포 노파를 죽이는 가난한 청년이 주인공이다. 그의 동생은 돈 때문에 결혼을 결심하기도 하고, 그를 회복시키는 여인은 가족의 생계를 위해 매춘을 한다. 그의 작품《가난한 사람들》이나《도박꾼》은 자신의 경험을 그대로 쓴 것이라 해도 무방하다. 그의 작품들에는 가난한 사람들의 심리 묘사가 매우 자세하게 나오는데, 이는 그들의 마음을 너무나 잘 알았던 작가이기에 가능했을 것이다.

1866년 발행된《도박꾼》표제지

그가 남긴 편지들 중 70%는 돈을 빌려달라는 편지였고, 죽기 며칠 전까지도 돈을 빌리는 편지를 썼다고 한다. 그럼에도 그가 도박을 끊고 위대한 작가의 반열에 오른 것은 첫째 부인과 사별한 후

방황하며 도박에 빠져 원고가 밀려가던 그를 속기사로 만나게 되었던 아내 덕분이다. 이런 아내를 만나게 된 것이 그의 신앙에 대한 하나님의 은총이었을까? 소설가인 도스토예프스키의 팬이었던 아내는 그가 도박하는 것도 너그러이 이해해주며, 원고와 재정을 관리해 주었다고 한다. 사람이 죽으란 법은 없는 모양이다. 아무튼 우리는 위대한 작가가 가난했기에 가난한 이들이 빠질 수 있는 죄의 유혹에 대해서도 경고하는 목소리도 듣게 되며, 가난한 이들이 겪는 물리적 불편함을 넘어 마음의 고통에 공감하고 때로 위로를 받기도 한다.

자신의 범죄를 정당화하는
우리 내면의 지성(죄성)을 경계하자

주인공 라스콜니코프는 도끼로 전당포 노파를 죽인다. 아무리 전당포 노파가 악한 인간이라 할지라도 이것은 명백한 범죄이며, 도저히 일어나서는 안 되는 일이다. 그러나 주인공은 범죄 대상이 얼마나 악한 인간인

1880년대 표트르 미하일로비치 보클레프스키가 그린 라스콜니코프

지를 열성적으로 토로하면서 자신의 범죄에 정당성을 부여한다. 그러나 이것은 지성으로 껍데기를 잘 포장한 범죄 그 이하, 그 이상도 아니다. 한술 더 떠 주인공은 그 범죄를 통해 얼마나 큰 유익이 있는지도 장황하게 설명한다. 물론 그러한 유익은 상상 속의 일이었고, 실제로 일어나지도 않았다. 모든 것은 범죄를 정당화하는 수사에 불과한 것이었다. 1부에서 범죄를 계획하는 주인공이 친구와 나누는 대화의 내용을 소개한다.

그러면서 그는 노파가 얼마나 악독하고 변덕스러운지와 기한이 단 하루만 지나도 잡힌 물건을 처분해 버리고, 물건 값을 4분의 1밖에 쳐주지 않는데다 이자는 한 달에 오 부에서 칠 부까지도 받는다는 것 등을 이야기하기 시작했다. 대학생은 한바탕 지껄인 다음에, 노파에겐 그 밖에도 리자베타라고 하는 여동생이 있는데, 그 왜소하고 흉악한 노파가 적어도 키가 8베르쇼크는 되는 리자베타를 노상 때리면서 어린애 다루듯 완전히 노예처럼 부려 먹는다는 말을 했다 …

"아니, 그보다 너한테 말하고 싶은 게 있어. 단언하지만, 나는 그 저주스러운 노파를 죽이고 도둑질을 한다 해도, 결코 양심의 가책을 느끼지 않을 거야."

대학생은 열띤 어조로 덧붙였다. … 수도원으로 가게 되어 있는 노파의 돈만 있다면 백 가지, 천 가지의 훌륭한 일과 사업을 실행하고 개선할 수 있어! 수백, 수천 명의 삶이 올바른 길로 나아갈 수 있고, 수십 가정이 빈곤과 부패와 파멸과 타락과 성병에서 구원될 수 있어. 모두 그 노파의 돈으로 말이야. 그 노파를 죽이고 돈을 뺏는다. 그런 다음 그 돈을 가지고 전 인류를 위한 봉사와 공공사업에 몸을 바친다. 어떻게 생각하나? 하나의 사소한 범죄는 수천의 선행으로 보상될 수 있지 않을까? 하나의 생명에 대한 보상으로 부패와 타락으로부터 구원받은 수천의 생명. 하나의 죽음, 그리고 그것과 맞바꾼 백 개의 생명. 이것은 간단한 산수야! 폐병쟁이에다 우둔하고 간악한 그 노파의 생명이 공공의 저울로 달 때 무슨 의미를 가질까? 이[蝨]나 바퀴벌레의 생명보다 나을 게 없지, 아니 그만한 가치도 없어. 왜냐하면 그 노파는 해로운 존재니까. 노파는 다른 사람의 생명을 뜯어먹고 있어 … (제1부 6장)

이렇게 자신의 범행을 정당화하며 주인공은 결국 노파를 도끼로 죽이

게 되는데, 여기서 더 큰 문제는 자신의 범죄를 목격한 선량한 여인 리자
베타도 죽이게 된다는 것이었다. 리자베타는 자신이 불쌍히 여기던 선량
한 여인이었다. 결코 그의 범행은 선량한 인류를 위한 것이 아니었다는
것이 증명된다. 그는 소설 전체에 걸쳐 계속해서 자신의 범행을 정당화하
기 위해 억지 논리로 자위한다. 그러나 그는 포르피리에 의해 수사선상에
오르게 되고, 자신의 범죄를 숨기기 위해 궤변을 늘어놓으며 거짓말로 일
관한다. 그는 자신의 유일한 죄가 자신의 범행을 죄로 느끼는 죄책감이라
고 강력하게 주장한다. 이것은 인간에게 발병하는 최고의 정신병이다.

인간은 결국 자신의 악한 행동은 감추고, 다른 이들의 악한 행동에는
분노를 일삼는 죄성을 가진 존재에 불과하다. 그런 인간에게 있어 지성이
란 결국 자신의 범죄를 포장하는 논리를 끌어대는 수단에 불과하다. 타락
한 인간의 지성이란 결국 자신의 범죄에 봉사하는 역할이라는 것이다. 예
수님께서는 산상설교를 통해 이렇게 말씀하신다.

'비판을 받지 아니하려거든 비판하지 말라 너희가 비판하는 그 비판으
로 너희가 비판을 받을 것이요 너희가 헤아리는 그 헤아림으로 너희가
헤아림을 받을 것이니라 어찌하여 형제의 눈 속에 있는 티는 보고 네 눈
속에 있는 들보는 깨닫지 못하느냐'(마 7:1-3)

범죄 현장을 목격한 선량한 여인 리자베타

자신의 죄는 보지 못하고, 타인의
죄만 부각시키는 능력은 바로 지성
에 있다. 주인공 라스콜니코프는 대
단히 똑똑한 대학생이다. 그의 지성
은 치밀한 논리로 사상을 만들어내

고, 그 지성은 바로 스스로를 영적 맹인으로 만들고 말았다. 우리의 지성이 우리 스스로를 영적 맹인으로 만들어, 늘 자신의 죄를 정당화하며 타인을 비판하는 대책 없는 행위를 유발하지 않는지 돌아보자. 자신의 죄를 정당화하는 인간만큼 하나님 나라에서 먼 사람은 없다. 그런 인간은 자신만 하나님 나라에서 멀어지는 것이 아니라, 자신의 사상으로 또 다른 인간들을 하나님 나라에서 멀어지게 만든다.

> '화 있을진저 외식하는 서기관들과 바리새인들이여 너희는 천국 문을 사람들 앞에서 닫고 너희도 들어가지 않고 들어가려 하는 자도 들어가지 못하게 하는도다'(마 23:13)

악은 악에서 나온다. 죄는 정당화될 수 없다. 결국 자신의 지성에 속아 죄를 짓고, 죄는 자신의 지성을 더욱 악하게 만든다. 우리 내면의 지성(죄성)이 현재 어느 정도 변명할 준비가 되었는지 늘 경계해야 할 것이다.

인간의 사상이란 그럴 듯해 보이지만 세상을 망가트리는 질병에 불과하다

1853년경 프란츠 사버 빈터할터가 유화로 그린 초상화 <나폴레옹 3세의 초상>

도스토예프스키가 우리에게 소개하는 주인공 라스콜니코프는 대단히 뛰어난 지성을 가진 대학생이다. 소설에는 그의 사상이 담긴 논문이 소개된다. 나폴레옹 3세에게 영향을 받은 그 논문의 내용의 내용은 이렇다.

세상에는 두 부류의 인간이 존재한다. 범인

과 비범인이다. 다수의 범인들은 나약하다. 그들은 남이 만든 법에 순종해야 하는 평범한 부류의 사람들이다. 그러나 소수의 비범인들은 강하다. 스스로 법을 만들기도 하고, 다른 이들이 만든 법을 초월하여 살아갈 능력이 있고, 때로는 법을 어길 수도 있다는 것이다. 주인공은 이 사상에 자신을 확고히 위치시킨 채 자신의 범죄를 정당화한다. 결코 자신의 범죄를 인정하고 회개하려 하지 않는다. 작가는 그 주인공이 변화되는 과정에서 열병을 앓으며 꾸었던 꿈에 대해 묘사한다. 에필로그에 나오는 내용이다.

그는 대재기의 마지막 기간과 부활절 주간 동안 내내 병원에 누워 있었다. 이미 회복기에 접어든 무렵, 그는 아직 고열로 헛소리를 하며 누워 있을 때 꾸었던 꿈을 떠올렸다.

병중에 그는 아시아 오지에서 유럽으로 번지고 있는 들은 적도 본 적도 없는 어떤 무시무시한 전염병 때문에 전 세계가 희생될 운명에 처한 꿈을 꾸었다. 아주 몇 안 되는 극소수의 선택된 자를 제외하고는, 모든 인류가 멸망하지 않으면 안 되었다. 어떤 새로운 선모충(旋毛蟲), 사람의 몸속으로 파고드는 미생물이 나타난 것이다.

그러나 이 미생물은 이성과 의지가 부여된 정령이었다. 이것에 감염된 사람들은 즉시 악령에 사로잡혀 발광하게 되어 있었다. 그렇지만 이 감염된 사람들만큼 자기가 진리 속에 확고부동하게 뿌리박고 있는 현인이라고 여긴 사람들은 일찍이 없었다. 자신의 판결, 자신의 학문적인 결론, 자신의 도덕적인 확신과 신앙을 이보다 더 확고부동한 것으로 여긴 적은 절대로 없었다. 모든 마을, 모든 도시, 모든 국민들이 전부 감염되어 미쳐 갔다. 모두들 공황 상태였고, 서로를 이해하지 못했으며, 저마다 오로지 자신에게만 진리가 있다고 생각하여 다른 사람을 보면서 괴로워하고, 자기 가슴을 치고, 울고, 손을 비볐다. 누구를 어떻게 재판해야 할지 알지 못했고, 무엇을 악으로, 무엇을 선으로 여겨야 할지 의견의 일치를 볼 수가 없었다. 누구를 유죄로 하고, 누구를 무죄로 할지 알지 못했다.

1867년 출판된 《죄와 벌》 2권의 표제지

사람들은 어떤 무의미한 증오에 사로잡혀 서로를 죽여 갔다. 서로를 치기 위해 대군을 결성하고 모였으나, 군대는 벌써 행군 도중에 갑자기 자신들을 서로 살육하기 시작했다. 대열은 흐트러지고, 군사들은 서로에게 덤벼들어 찌르고, 베고, 물어뜯고, 잡아먹었다. 도시마다 온종일 경보가 울리고 모든 사람들을 소집했으나, 누가 무엇 때문에 소집하는 것인지 아무도 몰랐고, 모두들 불안에 휩싸여 있었다. 제각기 자신의 생각과 개선책을 내놓았지만, 합의를 볼 수가 없었던 탓에, 가장 일상적인 수공업도 손을 놓아 버리고 말았다. 농사도 짓지 않게 되었다. 여기저기 사람들이 무리를 이루며 모여들어서는 무엇인가에 서로 합의했고, 절대로 헤어지지 말자고 맹세했다. 그러나 곧 그들은 방금 스스로 결정했던 것과는 전혀 다른 무엇을 하기 시작하여, 서로를 비난하고, 주먹다짐을 하고, 잘라 죽였다. 화재가 시작되고, 굶주림이 시작되었다.

모든 사람, 모든 것이 파멸해 갔다. 전염병은 점점 더 창궐하여 더욱더 멀리 퍼져 나갔다. 전 세계에서 겨우 몇 안 되는 사람들만이 구원받을 수 있었는데, 이들은 새로운 인류와 새로운 삶을 출발시키고, 지상을 갱신하고 정화할 소명을 받은 선택받은 순결한 사람들이었으나, 누구 하나 어디서도 이 사람들을 보지 못했고, 아무도 그들의 말과 목소리를 듣지 못했다.(에필로그)

마치 선지자들의 책에 나올 법한 이 환상은 라스콜니코프의 꿈이었고,

그는 자신이 빠져 있던 혁명 사상이 온 세상을 멸망시키는 질병임을 인정하게 되는 과정에 있었다. 이 질병은 아시아에서 유럽으로 퍼지는 질병이라고 묘사되는데, 이것은 몽골군으로부터 유럽으로 퍼진 최악의 전염병 페스트를 연상시킨다. 이 질병의 내용은 저마다 자신이 불변의 진리를 파악했다고 확신하는 것이었다.

이것은 19세기 당시에 젊은 지성인들에게 놀랍게 퍼져나가고 있던 혁명 사상이 온 세상을 망가트릴 정도로 심각한 질병이 되고 있음을 묘사하는 장면이다. 실제로 러시아의 혁명 사상은 인류의 절반 정도를 감염시켰고, 20세기 수많은 공산주의 독재자들과 그들의 추종자들을 감염시켜 희생자들을 만들었다. 그 사상은 결국 자신들의 권력욕에 봉사하는 것이었다. 그들의 사상은 결코 세상을 변화시키지 못하는 허황된 형이상학에 불과했다.

20세기 철학의 왕 미셸 푸코는 전 세계적으로 수많은 추종자들을 만들었다. 그러나 최근 그의 소아성애 범죄들이 드러나며 사람들을 충격에 빠트리고 있다. 그의 사상은 결국 자신의 소아성애와 동성애를 정당화하기 위한 악한 사상에 불과했으며, 세상을 아름답게 변화시키기는커녕 수많은 사람들의 비뚤어진 욕망을 정당화하는 사상의 전염병에 불과했다는 것이 입증되고 있다. 가난한 맑스는 자신을 정당화하기 위해 자본가 계급을 타도대상으로 확정하는 자본론을 썼다. 그가 선한 의도를 가지고 있었더라도, 그의 이론이 선한 영향력을 미쳤다는 것을 인정하더라도, 우리는 그의 사상이 심각한 전염병이었

БѢСЫ

РОМАНЪ
Ѳедора Достоевскаго.

ВЪ ТРЕХЪ ЧАСТЯХЪ

ЧАСТЬ ТРЕТЬЯ

С.-Петербургъ.

1873.

1873년 출판된 《악령》의 러시아판 표제지

으며, 20세기 수많은 나라들을 독재와 가난과 숙청으로 몰고 갔다는 사실을 기억해야 한다.

도스토예프스키는 그의 또 다른 소설《악령》에서 무신론 혁명 사상을 '악령'으로 보고, 그것에 홀린 사람들의 파멸을 그린다. 그들은 바다로 뛰어드는 돼지떼와 같이 악한 마귀의 희생양이라는 것이다. 도스토예프스키는 사상의 허약함과 그 치명적인 악한 전염성을 잘 증거하고 있다.

바울은 고린도교회와 나아가서 고린도교회가 속해 있던 헬라의 사상이 얼마나 악한 질병인지 간파한다. 그리고 고린도교회가 해야 할 사명은 하나님을 대적하여 높아진 세상의 사상들을 하나님의 능력으로 무너뜨리며 복종하게 하는 것이라고 강력하게 선포한다.

> '우리가 육신으로 행하나 육신에 따라 싸우지 아니하노니 우리의 싸우는 무기는 육신에 속한 것이 아니요 오직 어떤 견고한 진도 무너뜨리는 하나님의 능력이라 모든 이론을 무너뜨리며 하나님 아는 것을 대적하여 높아진 것을 다 무너뜨리고 모든 생각을 사로잡아 그리스도에게 복종하게 하니'(고후 10:3-5)

현대사회는 하나님을 거부하고, 인간의 지성으로 온갖 악한 이론들을 만들어 내고 있다. 그 사상들이 세상을 구원하며 진보하게 만들 것이라고 전파한다. 그러나 실상 그 사상들이 세상을 얼마나 망가뜨리는지, 젊은이들의 삶을 얼마나 허무하게 만드는지, 얼마나 많은 사람들을 돈과 욕망의 노예로 만들어 가는지 우리는 분명히 목격하고 있다. 우리의 사명은 복음으로 세상의 악한 사상을 드러내고 무너뜨리며, 하나님 나라를 세워가는 일이다.

인간과 사회의 진정한 변화는 사상이 아니라 진실한 믿음과 사랑이다

소설 《죄와 벌》은 여러 인물들 상호간에 생기는 많은 에피소드들이 이어지고, 너무나 자세한 심리묘사가 내용을 파악하기 어렵게 만들지만, 사실 아주 간단한 이야기로 환원될 수 있다. 바로 가난하고 똑똑한 주인공 라스콜니코프가 자신의 범죄를 정당화하고, 수사가 진행되는 과정에서도 죄책감도 많이 느끼지 않은 채 사회적 적개심으로 자신의 결백을 주장하지만, 결국 소냐라는 여인에 의해 자신의 죄를 인정하고 변화된다는 것이다. 그의 변화된 삶은 소설에서 묘사되지 않는다. 하지만 소설의 결말 부분은 만약 주인공의 미래를 기록하게 된다면, 그 삶은 매우 경건하고 새로운 삶일 것이라는 암시를 준다.

주인공은 사상에 의해 타락했고 사상에 의해 자신의 범죄를 정당화하며 타락에서 벗어나지 못하지만, 경건한 기독교 신앙을 바탕으로 그 신앙을 사랑과 봉사로 실천하는 한 여인에 의해 회심하게 된다. 그러나 그의 변화는 대단히 어렵고 오래 걸리는 일이었다. 그는 소냐에 대해서도 거부하는 태도를 계속하는데, 그것은 그의 사상에 대한 집착 때문이었다. 에필로그의 한 부분이다.

1874년 미하일 페트로비치 클로트가 그린 라스콜니코프와 마르멜라도프

그럼 대체 뭔가? 사실, 그는 소냐 앞에서조차 부끄러웠고, 그 때문에 오히려 그녀를 업신여기고 거칠게 대하면서 괴롭히고 있었다. 그러나 그가 부끄러워하는 것은 빡빡 민 머

리도, 족쇄도 아니었다. 그는 자존심에 심한 상처를 입었고, 병이 난 것도 상처 입은 자존심 때문이었다. … '어째서, 어째서' 하고 그는 생각했다. '내 사상이 천지개벽 이래 이 세상에서 득실거리면서 서로 부딪치고 있는 다른 사상과 이론들보다 더 어리석었다는 말이냐? 진부한 영향들로부터 벗어난 완전히 독립적이고 폭넓은 시선으로 문제를 바라보기만 하면, 내 사상은 절대로 그렇게 … 기괴하지 않을 것이다. 오오, 서 푼짜리 부정주의자들과 현자들이여, 어째서 당신들은 중도에서 멈춰서 버리는가!

도대체 왜 나의 행위가 그들에겐 그토록 추악하게 여겨지는 것일까?(에필로그)

그는 끝까지 자신의 사상을 붙들고 싶었다. 그것이 옳다고 주장하고 싶었다. 그는 자신의 사상을 포기하고 싶지 않았다. 자신을 정당화하고 있던 사상이 무너지고, 자신이 흉악범이라는 손가락질을 받고, 매춘부에 의해 감동 받아 죄를 고백하게 되었다는 것은 라스콜니코프에게는 자신의 모든 것을 부인해야 받아들일 수 있는 일이었다. 이런 일은 결코 그에게 불가능한 일이었다. 하지만 소녀의 행동은 끝내는 그의 마음을 변화시키고 있었다. 그가 끝까지 사상에 대한 미련을 버리지 못하고 있었지만, 6부에서 이미 변화가 감지된다.

그러나 그의 가슴속에서도 어떤 감정이 솟아났다. 그녀를 보고 있으려니 심장이 죄어들었다. '이 여자는. 이 여자는 대체 무엇 때문에?' 그는 속으로 생각했다. '나는 이 여자에게 과연 무엇일까? 왜 이 여자는 우는 걸까, 왜 어머니나 두냐처럼 내 채비를 해 줄까? 내 유모라도 되려는 건

가!'(제6부 8장)

소냐가 흉악한 범죄자이자, 유형생활을 앞두고 있는 미래라고는 전혀 보이지 않는 자신을 사랑함은 그의 인지를 넘어 마음을 흔들고 있었다. 그의 마음속에는 소냐를 무시하는 마음도 있었지만, 결국 그 생각이 무너지는 사건도 일어나고 있었다. 자신이 무시했던 소냐가 너무나 위대한 인간으로 취급 받는 것에 대해 라스콜니코프는 고민했고, 자신의 생각이 잘못되었구나 하는 생각을 하기 시작한다. 에필로그의 한 장면이다.

그에게는 또 한 가지 풀 수 없는 의문이 있었다. 왜 그들은 모두 그렇게 소냐를 사랑하게 되었을까? 그녀는 그들의 환심을 사려고도 하지 않았고, 그들은 그녀가 그를 보기 위해 잠깐 들를 때 어쩌다 노역장에서 그녀를 보는 게 다였다. 그런데도 모두들 이미 그녀를 알고 있었고, 그녀가 그를 따라 이곳으로 왔다는 것도, 그녀가 어떻게 사는지, 어디서 사는지도 알고 있었다. 그녀는 그들에게 돈을 준 일도 없고, 특별히 돌봐 준 일

1894년 이고르 그라바르가 그린 <죽어가는 마르멜라도프의 방에 있는 소냐>

도 없었다. 다만 딱 한 번 성탄절에, 감옥에 있는 사람들 모두를 위해 피로그와 흰 빵을 선물로 가져왔을 뿐이었다. 그러나 그들과 소냐 사이에는 차츰 보다 친밀한 어떤 관계가 맺어져 갔다. 그녀는 그들의 친척에게 보내는 편지를 대신 써서 우편으로 부쳐 주기도 했다. 이 도시로 찾아온 그들의 친척들은 그들을 위한 물건과 심지어 돈까지도 그들의 지시에 따라 그녀에게 맡겼다. 그들의 아내와 연인들은 그녀를 알고 있었고,

156

그녀에게 찾아갔다. 그리고 그녀가 라스콜니코프를 보러 노역장에 나타나거나, 노역하러 나가는 죄수 일행과 마주치게 될 때는, 모두들 모자를 벗고 절을 했다. "소피야 세묘노브나, 우리의 어머니, 함께 고통 받는 다정한 우리 어머니!" 이 거칠고 낙인찍힌 유형수들이 이 조그맣고 야윈 여자에게 이렇게 인사를 건네는 것이었다. 그녀는 웃는 얼굴로 인사에 답했고, 모두들 그녀가 그들에게 미소 지어 주는 것을 좋아했다. 그들은 그녀의 걸음걸이까지도 좋아해서, 그녀가 걸어가는 모습을 지켜보려고 고개를 돌리며 그녀를 칭찬했다. 그녀가 그토록 자그마하다는 것까지도 칭찬했고, 이미 무엇을 칭찬해야 할지조차 모를 정도였다. 개중에는 그녀에게 치료를 받으러 가는 사람마저 있었다.(에필로그)

주인공은 더 이상 이 모순된 상황을 자신의 지성으로 지탱할 수 없었다. 위대한 사람인 자신은 죄수들에게도 무시를 당하고, 가난한 매춘부는 존경을 받는 이 모순된 상황! 결국 주인공은 소설의 거의 마지막 부분에서 그녀에게 용서를 구한다. 그녀의 사랑에 완전히 무너진다.

어떻게 그런 일이 일어났는지 스스로도 알 수 없었으나, 갑자기 무언가가 그를 움켜잡고 그녀의 발아래 내던진 것 같았다. 그는 울면서 그녀의 무릎을 껴안았다. 처음 한순간 그녀는 무섭게 겁에 질려, 죽은 사람처럼 얼굴이 창백해졌다. 그녀는 자리에서 벌떡 일어나 몸을 떨면서 그를 바라보고 있었다. 그러나 곧, 바로 그 순간에 그녀는 모든 것을 깨달았다. 그녀의 두 눈에서 무한한 행복감이 빛나기 시작했다. 그녀는 깨달았고, 이제 의문의 여지가 없었다. 이 사람은 자기를 사랑하고 있다. 끝없이 사랑하고 있다. 마침내 이 순간이 온 것이다 ….

그들은 말을 하려 했으나, 할 수가 없었다. 눈물이 그들의 눈에 맺혔다. 그들은 둘 다 창백하고 여위어 있었다. 그러나 이 병들고 창백한 얼굴에는 새로워진 미래의 아침노을이, 새 삶으로의 완전한 부활의 서광이 이미 빛나고 있었다. 사랑이 그들을 부활시켰고, 두 사람의 마음은 서로에게 생명의 무한한 샘을 간직하고 있었다.(에필로그)

그리고 그는 결국 그녀가 넌지시 건네준 성경책을 들게 되었다. 소설의 가장 마지막 문장들은 그의 변화를 완전히 확정하고 있다.

그의 베개 밑에는 복음서가 놓여 있었다. 그는 기계적으로 그것을 집어 들었다. 이 복음서는 그녀의 것으로, 그에게 나사로의 부활에 대해 읽어 주었던 바로 그 책이었다. 유형 생활이 시작되었을 때, 그는 그녀가 종교를 가지고 그를 괴롭히고, 귀찮게 복음서 얘기를 꺼내면서 그에게 책들을 억지로 떠맡길 거라고 생각했다. 그러나 정말 놀랍게도 그녀는 한 번도 그런 얘기를 꺼내지 않았을 뿐더러, 복음서를 권한 일조차 없었다. 그는 병이 나기 얼마 전에 자기 쪽에서 그녀에게 그것을 부탁했고, 그녀는 말없이 책을 가져다주었다. 그렇지만 지금까지 그는 그것을 펼쳐 보지도 않고 있었다.

지금도 그는 그것을 펼치지는 않았으나, 한 가지 생각이 그의 뇌리를 스쳤다. '이제 그녀의 신념이 정말 나의 신념도 될 수 있지 않을까? 적어도 그녀의 감정, 그녀의 갈망은 ….' … 그러나 여기에는 이미 새로운 이야기, 한 인간이 점차 새로워져 가는 이야기, 그가 점차 갱생하고, 한 세계로부터 다른 세계로 건너가면서 지금껏 전혀 알지 못했던 새로운 현실을 알게 되는 이야기가 시작되고 있다. 이것은 새로운 이야기의 주제가

될 수 있을 터이지만, 그러나 우리의 지금 이 이야기는 이것으로 끝난다.(에필로그)

인간과 세상의 변화는 무엇으로 일어나는가? 치밀한 논리와 이론인가? 심오한 신학 사상인가? 결국 사람을 변화시키고 숭고하게 만드는 것은 경건한 신앙이다. 그 신앙의 실천으로 드러나는 사랑과 봉사의 삶이다. 서로 자신이 높다고 우기고 싸우면서, 실제로는 온갖 성적인 죄악과 우상숭배에서 벗어나지 못했던 고린도교회에 사도바울은 이렇게 일침을 가한다.

> '내가 사람의 방언과 천사의 말을 할지라도 사랑이 없으면 소리 나는 구리와 울리는 꽹과리가 되고 내가 예언하는 능력이 있어 모든 비밀과 지식을 알고 또 산을 옮길 만한 모든 믿음이 있을지라도 사랑이 없으면 내가 아무 것도 아니요 내가 내게 있는 모든 것으로 구제하고 또 내 몸을 불사르게 내줄지라도 사랑이 없으면 내게 아무 유익이 없느니라 … 사랑은 … 모든 것을 참으며 모든 것을 믿으며 모든 것을 바라며 모든 것을 견디느니라'(고전 13:1-8)

세상을 변화시키는 것은 진정한 사랑과 봉사의 삶이며, 이러한 소냐의 삶은 결국 하나님에 대한 진정한 믿음에서 나온다. 결국 온전히 실현된 복음만이 한 인간과 이 세상을 변화시키는 동력임을 늘 기억하고 내 삶의 영역에서도 실천이 되어야 한다.

....
구조

전체적으로 주인공 라스콜니코프에 대한 이야기가 이어지기에, 구조는
큰 의미가 없다. 주인공의 범죄와 그 이후 이야기가 1-6부까지 계속 이어
지고, 에필로그에서 주인공의 회심과 변화된 미래에 대한 암시가 나오면
서 소설은 끝이 난다.

....
줄거리

제1부
소설 첫 부분을 소개한다. 주인공은 벽
장 같은 작은 하숙방에 살고 있다. 하숙비
가 잔뜩 밀려 있어 주인을 마주치기도 어
려운 상황에 날씨마저도 숨이 막힌다.

드멘티 슈마리노프가 그린 《죄와 벌》의
두냐

7월 초, 지독히도 무더운 때의 어느 저

녁 무렵, 한 청년이 S 골목의 셋집에 있는 자신의 조그만 하숙방에서 거리로 나와, 왠지 망설이는 듯한 모습으로 느릿느릿 K 다리 쪽으로 발걸음을 떼었다.

운 좋게도 여주인과는 층계에서 마주치지 않았다. 그의 좁은 방은 높다란 5층 건물의 지붕 바로 아래에 있었는데, 방이라기보다는 차라리 장롱에 가까운 곳이었다. 식사를 제공하고 하녀가 시중을 들어주는 조건으로 이 작은 방을 빌려 준 하숙집 여주인은 한 층 아래에 있는 독립된 아파트에서 살고 있었기 때문에, 외출할 때마다 그는 거의 언제나 층계 쪽으로 활짝 열려 있는 여주인의 부엌 옆을 지나지 않으면 안 되었다. 그때마다 청년은 옆을 지나치면서 어쩐지 병적인 두려운 마음이 들었고, 그것이 수치스러워서 얼굴을 찌푸리곤 했다. 여주인에게 상당한 빚을 지고 있어서 그녀와 마주치기가 두려웠던 것이다. (제1부 1장)

매우 머리가 좋지만 가난한 가정 출신의 대학생, 정확히 말하면 휴학생인 주인공 라스콜니코프(로쟈 혹은 로지온 로마노비치)는 어머니가 빚을 내 보내주는 생활비를 받는 처지에, 가정교사 일도 잘 구해지지 않아 너무나 빈곤한 삶을 살아간다. 그러던 중 여동생과 함께 살고 있는 어머니의 편지가 도착한다. 여동생 두냐는 스비드리가일로프라는 부잣집에 가정교사로 들어갔는데, 계속적으로 치근거려 그만두고 싶지만 돈을 이미 선불로 받았기에 계속 추행을 당하다가 큰 상처를 받고 나왔다는 내용이었다. 그렇게 번 돈을 자신이 썼다는 걸 알게 된 주인공의 분노는 극에 달한다.

주인공은 우연히 술집에 들르는데, 거기서 마르멜라도프라는 하급관리를 만난다. 그는 술로 자신을 탕진하는 무책임한 사람이었고, 그에게서 가정을 책임지기 위해 어쩔 수 없이 몸을 파는 일을 하는 소냐(소피야 세묘노브나 마르멜라도바)라는 불쌍한 딸에 대한 이야기를 듣는다. 그의 분노와 정의 감은 커져간다. 그리고 자신이 무엇인가 해야 될 것이라는 생각을 한다.

이웃 전당포의 노파 알료나 이바노브나는 지독한 돈벌레다. 그녀는 물건을 저당 잡히는 불쌍한 이들에게 고리의 이자를 받는다. 돈을 갚는 날이 지나면 가차 없이 물건을 처분해 버린다. 그녀는 착하디 착한 여동생 리자베타에게도 자비를 베풀지 않는 인간이다. 그는 이런 노파는 죽는 것이 나으며, 그 돈으로 세상을 위해서 사용하는 것이 좋다고 생각한다. 그리고 치밀하게 범행을 준비한다. 동시에 자신의 사색을 통해 죄를 합리화해 나간다. 그의 생각 속에 인류는 선악을 초월하여 스스로가 법률과 다름없다고 여기는 소수의 비범한 인간들과, 인습적 도덕에 얽매여 불의한 세상에 순응하는 약하고 평범한 다수의 인간들이다. 그는 자신이 소수에 속한다고 확신하며, 악인들을 처단하여 세상을 바꾸는 권리를 가지고 있다는 생각에 빠져든다.

1967년 미하일 셰미야킨이 그린 《죄와 벌》 삽화 <라스콜니코프와 늙은 전당포 알료나 이바노브나>

그는 범죄의 결행을 두고 갈등하는 사이에 여동생이 가족을 위해 사랑하지도 않는 부유한 남자 루쥔과 결혼하는 희생을 감수하려 한다는 소식에 더욱 분노가 일어나게 되고, 도끼로 노파를 죽이기에 이른다. 그 과정에서 그는 더 큰 죄를 짓게 되는데, 바로 노파의 여동생 착한 여인 리자베타까지 죽인 것이다. 살인의 장면을 목격한 그녀를 그냥 둘 수 없었던 것이다. 그는 운이 좋게 현장에서 무사히 도망하게 된다.

제2부

다음날 그는 경찰서로부터 행정적인 일로 출두 요구를 받는데, 거기에서 자신이 저지른 전당포 살인사건의 용의자로 무고한 사람이 거론된다는 사실을 알게 된다. 그는 거기서 기절을 하고, 집으로 옮겨진다. 그는 훔친 것을 모두 숨기고, 심한 열병에 시달려서 잘 먹지도 못하고 정신도 혼미하다. 무고한 사람을 죽였다는 죄책감과 자신을 잡으려고 좁혀오는 수사망에 대한 두려움에 시달리게 되고, 자수를 고민하기도 한다. 그는 한편으로 분노와 정의감으로 자신의 죄를 정당화하지만 다른 한편으로는 죄책감과 충격으로 정신적인 고통에 시달리게 된다.

그는 며칠 후 집에서 나가 방황하다가 범행을 저지르기 전에 만났던 마르멜라도프가 마차에 치인 것을 보게 되고, 그를 도와 집으로 옮긴다. 결국 하급관리는 죽게 되고, 창녀의 모습을 한 그의 딸 소냐의 모습을 보게 된다. 그는 자신이 가진 돈을 장례식 비용으로 준다. 이후 그의 딸 소냐를 자주 찾아가게 되며, 두 사람의 관계는 발전한다. 고비고비를 넘긴 이 관계는 소설 마지막 부분에 가면 극진한 사랑으로 발전한다.

제3~6부

그는 친구 라주미힌을 만나 하숙집으로 돌아왔고, 미리 하숙집에 와 있던 어머니와 여동생 두냐를 만난다. 선량하고 착한 라주미힌은 두냐를 사랑하게 된다. 한편 주인공은 치밀한 예심판사 포르피리를 만나게 된다. 포르피리는 라스콜니

드멘티 슈마리노프가 그린 《죄와 벌》 삽화
<선술집의 마르멜라도프>

163

코프를 범인으로 확신하고, 계속해서 수사망을 좁혀온다. 결국 포르피리의 수사로 주인공은 빠져나갈 수 없는 덫에 걸린다. 그는 포르피리의 수사에 계속 저항하며, 사회에 대한 적개심을 통해 자신의 범죄에 대한 정당성을 키워 간다.

돈 많고 야비하며 욕망에 가득한 스비드리가일로프는 스스로 목숨을 끊는다. 두냐와 결혼하려던 부유한 공무원 루쥔은 속임수를 쓰다가 신뢰를 잃어버리고 결혼에 실패한다. 선량한 라주미힌이 주인공의 여동생 두냐와 사랑의 결실을 맺는다. 주인공은 결국 포르피리의 집요한 수사에 백기를 들 수밖에 없는 상황에 처하고, 소냐와 만남이 지속되면서 자신의 죄에 대해 후회하며 죄를 인정해야겠다는 마음도 갖게 된다.

소냐는 불행한 가정사를 통해 매춘부가 되지만, 신앙으로 자신의 불행을 이기며 살아간다. 주인공은 자신을 희생함으로 생계를 유지하는 매춘부 소냐에게서 큰 깨달음을 얻는다. 자신의 여동생 두냐와 동질감을 느끼기도 한다. 결국 그는 소냐에게 자신이 살인범임을 고백한다. 그녀는 광장에 나가 피를 흘려 더럽게 한 땅에 키스를 하고, 사람들에게 자신이 노파를 죽였다고 고백하라는 요구를 한다. 결국 그는 자수하고, 살인죄로 시베리아 8년 유배형을 받는다. 소냐는 그를 위해 시베리아까지 동행하며 십자가 목걸이를 준다. 그녀는 매일 그를 면회하면서 날카로운 그의 짜증을 다 받아낸다. 그가 병들었을 때 헌신적인 간호로 그를 살린다. 주인공은 한결같은 그녀의 헌신에 큰 충격을 받는다. 또한 자신이 볼 때는 하찮은 존재에 불과한 그녀가 유형지에서 다른 죄수들에게 놀라운 칭송을 받는다는 사실에 점점 자신의 생각이 잘못되었다는 것을 인정하게 된다. 그녀를 통해 그는 자신의 잘못을 뉘우치고 새로운 삶을 살아가리라 결심한다.

06장

진정한 사랑이 어둠을 밝히고
소 망 을　　제 시 하 다

도스토예프스키《까라마조프 형제들》

(번역본 : 이대우 역, 열린책들 / 번역본 제목 : 까라마조프 씨네 형제들)

1부로 충분했다!

지금 우리에게 남아 있는 《까라마조프 형제들》은 원래 2부로 쓸 예정이었던 전체 작품의 앞부분이었다. 그렇다면 도스토예프스키는 작품의 절반을 쓰고 죽은 셈이다. 그는 이 작품을 출간한 지 3개월 후 세상을 떠났다. 까라마조프가의 가장 표도르의 죽음을 둘러싼 지금의 작품은 1부이자, 주인공인 셋째 아들 알료샤(알렉세이)의 어린 시절 이야기다. 성인이 되었을 때의 이야기로 2부까지 쓸 계획이었다.

첫 소설은 겨우 13년 전에 일어난 일이며, 어쩌면 소설이라고 할 수도 없는 것으로서 나의 주인공의 어린 시절 중 한 순간에 불과하다.(작가로부터)

1881년 상트페테르부르크에서 출판한 《까라마조프 형제들》 초판 표제지

그러나 이 작품은 자체로 완벽한 구성미와 결말을 가지고 있다. 2부까지 있었다면 더 풍성했을 것이고,

어떤 이야기가 더 있었을지 궁금하기도 하다. 그러나 이미 1부로도 충분하다. 까라마조프 가의 세 아들을 통해 우리는 인간 내면을 풍성하게 관찰할 수 있기 때문이다. 주인공 알료샤를 통해 구원에 대한 소망을 충분히 전달하고 2편에 대한 상상이 독자를 더 큰 소망으로 가득하게 할 수 있기 때문이다.

주인공은 경건한 신앙인 알료샤(알렉세이)다

살인사건이라는 줄거리의 관점에서 본다면 알료샤는 주요 인물에서 약간 벗어나 있지만, 작가가 밝힌 바대로 주인공이며, 실제로 작가가 제시하는 소망의 핵심을 전달하는 가장 중요한 인물이다. 세상의 변화가 무엇으로 가능한지 알료샤를 통해 강하게, 그러나 은밀하게 암시한다. 욕망과 쾌락으로 점철된 이 가정의 불행을 해결하는 힘으로 제시되는 막내아들 알료샤는 이 작품의 주인공이 분병하다. 2부에서 그에 대해 어떤 이야기가 펼쳐졌을지 정확히 알 수는 없다. 그러나 분명 그를 통해 세상을 변화시킬 강한 동력이 발견되는 이야기가 펼쳐졌을 것이다.

이 작품은 전체적으로 어둡다. '까라마조프'가 검다는 뜻이라고 한다. 그 가문의 이름이 작품 전체를 지배하는 색조다. 살인범인 사생아 스메르쟈꼬프는 아버지를 죽이고 자살한다. 둘째 아들 이반은 사생아 동생인 스메르쟈꼬프가 자신의 사상 때문에 아버지를 죽였다는 고백을 듣고,

《까라마조프 씨네 형제들》(이대우 역, 2009년, 열린책들)

자신의 사상에 대해 큰 회의를 느끼며 정신적인 질병에 고통당한다. 이반은 형과 까쩨리나라는 여인 사이에 삼각관계에 있다. 아버지를 증오하고 욕망을 향해 달려가던 첫째 드미뜨리는 아버지를 죽이지 않았지만 억울하게(?)징역형을 받는다. 이것도 그에게는 합당한 벌로 보인다. 억울하게 살인범으로 몰린 첫째 드미뜨리는 다른 형제들의 도움으로 탈출한다. 진행되는 모든 일들이 암울하고, 인간 내면의 악이 작동하여 현실화된다.

이 작품에서 작가가 드러내고자 하는 모든 소망은 셋째 알료사에게 맡겨진다. 그는 검은 색조(까라마조프)를 신앙의 힘으로 밝히고 있다. 따라서 이 작품도《죄와 벌》과 마찬가지로 작가의 분명한 신앙고백이며, 기독교 소설이라고 할 수 있다. 실제로 이 작품이 시작되기 전 작가는 이렇게 밝히고 있다.

나의 주인공 알렉세이 표도로비치 까라마조프의 일대기를 집필하면서 나는 일련의 의혹에 빠져 있다. 다시 말해서 내가 알렉세이 표도로비치를 나의 주인공이라 부르긴 하지만 그가 결코 위대한 인물이 아니라는 사실을 나 자신은 잘 알고 있다. 그래서 '알렉세이 표도로비치를 당신의 주인공으로 선택하게 만든 남다른 점은 무엇인가? 대체 그는 무슨 일을 했던가? 그는 누구에게 어떤 점으로 인해 알려져 있단 말인가? 독자인 내가 그의 생애의 행적들을 연구하는 데 왜 시간을 낭비해야 하는가?' 하는 따위의 필연적인 의문들을 예견하고 있다.

이 결정적인 마지막 의문에 대해 나는 이렇게 대답할 수 있을 뿐이다. '아마도 당신은 소설 속에서 스스로 찾게

1989년 일리야 글라주노프가 알료사 까라마조프를 그려 넣은 구소련의 아트 엽서

될 것입니다.' 그런데 사람들이 소설을 끝까지 읽고도 나의 알렉세이 표
도로비치가 뛰어난 인물이라는 사실을 깨닫지 못하거나 그것에 동의하
지 않는다면 어쩔 것인가? 애통한 일이지만 나는 그와 같은 상황을 짐작
하고 있기 때문에 이렇게 이야기하리라.(작가로부터)

작가가 소설 본문을 쓰기 전에 이렇게 밝힌 만큼 까라마조프가의 막내
알료샤(알렉세이)를 중심으로 이야기를 읽는 것은 작품을 이해하기 위한 중
요한 점이라는 것을 짚고 넘어갈 필요가 있다.

《죄와 벌》과 《까라마조프 형제들》은
쌍둥이와 같은 작품이다

《죄와 벌》과 마찬가지로 《까라마조프 형제들》에서도 살인사건이 일어
난다. 돈, 살인, 수사, 재판 등 유사한 스토리가 두 작품의 연관성을 생각
하게 만든다. 도스토예프스키는 '살인'이라
는 모티브를 정말 좋아한다. 뻔한 것 같은데
작품에 대한 몰입도를 높이는 데 가장 효과
적이다.

돈을 늘리는 데 능숙하며, 쾌락에 푹 빠져
가족도 제대로 돌보지 않는 까라마조프가의
가장 표도르 까라마조프. 이야기의 큰 줄거
리는 표도르 까라마조프 살인 사건을 수사
하는 과정이다. 돈만 밝히는 방탕한 그가 작
중에서 죽는 것은 《죄와 벌》에서의 전당포

1949년 프리츠 아이첸버그가 그린
석판화 <스메르쟈꼬프와의 마지막
인터뷰>

169

노파와 이미지가 겹친다.

아버지 표도르 까라마조프는 사생아 스메르쟈꼬프에게 죽임을 당한다. 하지만 그가 표도르를 죽이는 데 결정적인 영향을 미친 것은 둘째 아들 이반이다. 그는 표도르가 후처 소피야에게서 낳은 아들로 대학을 나온 수재이며, 이성적이고 냉철하며, 종교에 대해 냉소적이다. 《죄와 벌》의 주인공 라스콜니코프와 유사한 이미지다. 그는 아버지의 죽음에 영향을 미쳤다는 것에 대한 죄책감으로 쇠약해져 간다. 범인을 알고 있는 그는 억울하게 아버지를 죽인 범인으로 지목된 형 드미뜨리가 범인이 아니고 스메르쟈꼬프가 범인이라고 주장하지만 망상증 환자로 취급 받는다.

이 작품을 밝게 만드는 인물은 막내아들 알료샤(알렉세이)다. 그는 복잡한 가정사의 정신적 희생을 당할 수도 있었다. 신경 쇠약을 앓고 있는 어머니에게서 태어나고, 방탕한 이복형 드미뜨리, 냉정하고 회의적인 형 이반과 함께 자랐으니 그가 건강하기는 힘든 환경이다. 그러나 그는 독실한 믿음과 신실한 인격을 가지고 주변의 소외된 이들을 돕는 수도자이자 박애주의자다. 그는 온 가족에게 선한 영향력을 미치려 노력한다. 《죄와 벌》에서 라스콜니코프를 변화시키는 소냐와 이미지가 겹친다.

《죄와 벌》에서 《까라마조프 형제들》까지 도스토예프스키의 후기 작품들을 종합하면 그의 작품 세계 속에서 그의 신념을 찾는 것은 그리 어렵지 않다. 돈과 욕망, 쾌락으로 점철된 불행한 삶에서 사람을 변화시키는 희망은 기독교 신앙이다. 《죄와 벌》과 《까라마조프 형제들》은 쌍둥이 작품이라고 해도 될 것이다.

세상의 변화는 진정한 기독교 신앙이다.
무신론에 기반한 사상은 세상을 바꾸지 못한다

이 소설의 스토리는 까라마조프 가의 아버지 표도르의 살인사건이다. 좀 더 살펴보면 누가 왜 표도르를 죽였는가 하는 것이 소설의 핵심이다.

암울하고 불행한 가정, 이 가정에서 일어난 충격적인 사건의 범인으로 지목되어 감옥에 가게 된 것은 첫째 드미뜨리다. 그러나 사건의 진범은 사생아 스메르쟈꼬프다. 하지만 저자가 이 소설에서 암시하고 있는 것은 이반이 진정한 범인이라는 것이다. 둘째 이반은 매우 똑똑한 지성인이며, 이 가족 중 가장 잘난 사람이다. 다양한 논문을 썼으며, 사람들에게도 많이 알려진 인물이다. 무신론에 기반한 자신의 사상에 대한 확고한 자부심이 있었던 사람이다. 자신의 사상이 이 세상을 아름답게 할 것이

1931년 소설을 연극화한 <까라마조프 가의 형제들>에서 드미뜨리 역으로 분한 즈데네크 슈테파넥

라고 자부한다. 하지만 그는 자신의 의도와 상관없이 결국 아버지가 죽게 되는 결정적인 원인을 제공한다.

자신의 의도와 상관없다는 것은 정말 심각하다. 자신의 사상이 이러한 악한 일의 원인이 된다는 것, 가정을 완전히 파괴하는 결과를 초래한다는 것을 알지도 못한 채 실제로는 가정을 망가트리고 아버지를 죽게 한 것이기 때문이다.

이반은 형 드미뜨리에게 아버지를 비난하고, 아버지에게 유일하게 옳은 것은 사상이라고 말하면서 신앙보다 사상이 더 우월함을 강조한다. 하지만 실제로는 형과 아버지의 갈등을 해결하는 데 아무 도움을 주지 못한다.

그는 까라마조프가를 구원하지 못한다. 또한 동생 알료샤에게 대심문관 이야기를 통해 예수님의 사역을 비판했으며, 예수는 실패했다는 것을 강변하여 정신적인 충격을 준다. 결정적인 것은 그가 사생아 스메르쟈꼬프에게 준 영향력이다. 그는 상처 많고 교활한 사생아에게 신은 없으며 신이 없다면 어떤 일도 가능하다는 사상을 가르친다. 어리석은 스메르쟈꼬프는 그 가르침을 악한 아버지를 죽이는 것이 가능한 일이며, 또한 대의에도 맞는 것이라고 생각한다. 이반은 아버지를 죽일 생각이 전혀 없었지만, 이반의 사상에 의해 살인사건은 실제화 된다. 스메르쟈꼬프와 이반의 대화다.

"그래서 오늘 저녁 저는 비록 살인은 제가 저질렀습니다만 저는 주범이 아니며 주범은 바로 도련님이란 사실을 눈빛을 통해 입증하고 싶은 겁니다. 도련님이야말로 바로 법적인 살인범인 것이죠!"

"어째서, 어째서 내가 살인범이란 말이냐? 나 원 세상에!" 이반은 자신의 문제에 관해서는 나중으로 미루기로 한 것을 잊은 채 더 이상 참지 못하고 결국 이렇게 말했다. …

"이 돈은 가져가십시오." 스메르쟈꼬프는 한숨을 내쉬었다.

"물론 가져가야지! 그런데 그 돈 때문에 살인까지 저질러 놓고 나한 테 순순히 내미는 이유가 대체 뭐지?" 이반은 휘둥그레진 눈으로 그를 바라보았다.

"그 돈은 제게 아무 소용도 없습니다." 스메르쟈꼬프는 한 손을 내저 으며 떨리는 목소리로 이렇게 말했다. "전에는 그 돈을 가지고 모스끄바 나, 아니면 외국 어느 곳에라도 가서 인생을 새롭게 시작해 볼 생각도 했었지요. '모든 것은 허용되기' 때문에 그런 꿈을 꾸었던 것이죠. 그 말 은 도련님께서 실제로 제게 가르쳐 주셨던 겁니다. 예전에 여러 차례 그 런 말씀을 해주셨지요. 만일 영원한 하느님이 존재하지 않는다면 어떤 선행도 존재하지 않으며, 또 그럴 필요도 전 혀 없다고 말입니다. 도련님 말씀이 옳습니 다. 저도 그렇게 판단했거든요." …

"도련님께서는 돈을 좋아하시죠. 전 그걸 알고 있습니다. 명예도 좋아하시죠. 자부심 이 강하시니까요. 여자의 매력도 상당히 좋 아하시죠. 하지만 무엇보다도 평화로운 만 족 속에서 사는 걸 좋아하시죠, 누구에게도 머리를 숙이지 않는 생활 말입니다. …

도련님께선 다른 어떤 형제들보다 아버

2010년 러시아 드라마 극장에서 연극으로 공연한 <까라마조프 가 의 형제들>에서 알료샤 역을 맡은 일가르 하사노프

지 표도르 빠블로비치를 많이 닮으셨어요, 똑같은 영혼을 가지고 계시 지요."(제4부 11권 8장)

이반은 사실 욕정으로 가득 찬 아버지와 가장 많이 닮았던 것이다. 그 는 자신의 마음대로 살아가는 사람이기 때문이다.

하지만 알료샤는 조시마 장로에게 받은 신앙과 경건의 훈련으로 형 이반의 영향력을 이겨낸다. 그는 까라마조프 가가 만들어내는 모든 문제를 해결한다. 아주 완벽하게 해결하지는 못하지만 그는 형과 아버지를 화해시키려고 했으며, 병약한 애인도 위로하고, 아이들을 옳은 방향으로 이끈다.

까라마조프적인 모든 문제는 까라마조프적인 드미뜨리와 이반에 의해 점점 커져가지만, 전혀 까라마조프적이지 않은 알료샤에 의해 진정한 소망이 생겨난다. 알료샤가 까라마조프가적이지 않을 수 있었던 이유는 바로 기독교 신앙이었다. 알료샤는 반까라마조프적이었는데, 그를 반까라마조프적으로 만든 것은 바로 신앙이었던 것이다. 까라마조프적이라는 것은 죄성으로 가득한 아담적 실존을 의미한다. 반까라마조프적이라는 것은 바로 복음으로 변화된 인간성을 의미한다. 그 변화된 인간성이 바로 세상에 구원을 가져다 주었다.

바울은 까라마조프적인 사람이었다. 똑똑한 유대 사상가였으며, 스데반 박해의 과정에서 나타난 그의 열정은 대단했다. 하지만 그는 그리스도를 만나 변화된다. 마치 알료샤가 조시마 장로의 신앙에 의해 변화되듯이. 바울은 이렇게 고백한다.

'그러나 무엇이든지 내게 유익하던 것을 내가 그리스도를 위하여 다 해로 여길뿐더러 또한 모든 것을 해로 여김은 내 주 그리스도 예수를 아는 지식이 가장 고상하기 때문이라'(빌 3:7-8a)

1914년 모스크바 예술 극장에서 연극 무대에 올려진 <까라마조프가의 형제들>에서 표도르 빠블로비치 역으로 분한 바실리 루즈스키

그는 자신이 유익하다고 생각했던 지성과 재산, 신념과 열정과 혈통이 모두 해가 된다는 것을 깨달았다 이반적인 것들, 드미뜨리적인

것들, 나아가 까라마조프적인 것들은 모두 세상에 해가 된다. 까라마조프적이지 않은 것들, 영적이고 복음적인 요소들이 세상을 바꾼다. 바울에 의해 세상에는 놀라운 변화가 있었다. 알료샤에 의해 작고 초라해 보이지만, 드미뜨리, 까쩨리나, 리자, 일류샤의 가족과 아이들에게까지 소망이 생겼다. 세상을 바꾸는 것은 진정한 신앙, 하나님 나라의 임재인 것이다.

그리스도인은 외식하지 말고
진정한 마음으로 주님께 나아가야 한다

이 소설에는 수도원에서 벌어지는 종교적 외식의 장면이 나온다. 조시마 장로와 함께 있지만, 알료샤와는 다르게 변화되지 않고 그저 외식하는 종교인들이 많았던 것이다. 소설의 한 대목을 읽어보자.

알료샤는 장로의 병세가 무섭게 더욱 나빠지고 있다는 사실을 알게 되었다. 수도사들과의 일상적인 저녁 강론도 이날은 열리지 않았다. 예배 후면 매일 저녁 수도원 수도사들이 잠자기 전에 장로의 암자에 모여서 저마다 그날 지은 자신의 죄과와 혹시 그런 일이 있을 경우 잘못된 공상이나 사상, 유혹, 서로간의 논쟁까지도 장로 앞에서 큰소리로 고백하곤 했다. 어떤 이들은 무릎을 꿇고 고백하기도 했다. 장로는 문제를 해결해 주기도, 화해시키기도, 훈계하기도 하고 때

1982년 일리야 글라주노프가 흑연과 파스텔로 그린 삽화

로는 참회의 벌을 내리며 축복을 내리기도 하여 돌려보내곤 했다. …

　수도사들 중에서 많은 사람들은 장로한테 가는 일을 고역으로 생각하면서도 어쩔 수 없이 찾아다녔다. 그것은 오만하고 반항적인 의도를 품고 있다는 이야기를 듣고 싶지 않았기 때문이다. 수도사들 중 어떤 이들은 저녁 고해 성사 시간에 참석하면서, '오늘 아침에 자네한테 화를 냈다고 말할 테니, 자네는 그렇다고 하면 되는 거야'라며 무슨 이야기를 할지 미리 짜고 그저 그 자리를 모면하려고만 했다.(제1부 3권 11장)

　많은 수도사들이 고해를 자신의 경건 훈련을 위한 계기로 삼지 못하고, 다른 사람들에게 보이기 위해 행하고 있었다. 수련기간은 단지 자격증을 획득하기 위한 기간으로 여기는 사람들이 많았다. 신앙생활이 익숙해지고 신앙에 의해 존경을 받는 자리에 오르게 되면, 하나님 나라를 소망하는 신앙 자체의 유익보다는 신앙이 가져다주는 외적인 유익에 더 눈길이 간 것이다. 사람들의 존경과 평판, 경제적인 유익, 사람들을 움직이고자 하는 권력과 영향력에 대한 소망이 그들을 사로잡았던 것이다. 바리새인들은 사람들이 많이 모인 시장의 어귀에서 기도한다. 사람들이 많은 곳에서 큰 금액을 헌금한다. 회개도 남들이 보는 자리에서 했다. 그래서 주님은 이렇게 교훈하신다.

　'사람에게 보이려고 그들 앞에서 너희 의를 행하지 않도록 주의하라. 그리하지 아니하면 하늘에 계신 너희 아버지께 상을 받지 못하느니라 그러므로 구제할 때에 외식하는 자가 사람에게서 영광을 받으려고 회당과 거리에서 하는 것 같이 너희 앞에 나팔을 불지 말라 진실로 너희에게 이르노니 그들은 자기 상을 이미 받았느니라'(마 6:1-2)

'또 너희는 기도할 때에 외식하는 자와 같이 하지 말라 그들은 사람에게 보이려고 회당과 큰 거리 어귀에 서서 기도하기를 좋아하느니라'(마 6:5)

'금식할 때에 너희는 외식하는 자들과 같이 슬픈 기색을 보이지 말라 그들은 금식하는 것을 사람에게 보이려고 얼굴을 흉하게 하느니라'(마 6:16)

주님께서는 이렇게 외적인 유익을 위해 종교적으로 외식하는 이들은 이미 받았음으로 하나님 나라가 상급으로 주어지지 않는다고 말씀하신다. 그들은 외적인 유익을 얻었을지 모르겠지만 하나님께서 주시는 복은 누리지 못한다.

그리스도인은 외식하지 말고 진실한 마음으로 하나님께 나아가야 한다. 하나님께서 자기에게 나아오는 진실한 그리스도인들을 축복하시고 모든 행위에 갚아 주신다는 것을 믿어야 한다. 정직하게 하나님의 말씀에 순종하는 것이 유익임을 잊지 말아야 한다. 얼핏 외식하는 것은 똑똑하고 현명해 보이기까지 한다. 그러나 분명히 말할 수 있는 것은 하나님은 외식하는 것을 싫어하시며, 우리의 심장과 폐부를 꿰뚫어 보시는 분이시라는 것이다. 정직하게 하나님을 경외하며 살아가는 이들은 하나님 나라가 그들의 삶에 임하는 놀라운 복을 누리게 될 것이다.

진정한 회개만이 전혀 새로운 삶, 하나님 나라를 살아가는 시작점이다

이 소설의 큰 두 축은 조시마 장로를 통해 흘러나오는 선한 신앙의 영향력과 이반으로부터 흘러나오는 악한 사상의 영향력이다. 악한 사상의 영향력은 살인을 만들지만, 선한 신앙의 영향력은 까라마조프 가문과 나아가 마을과 세상을 바꾸는 놀라운 능력을 발휘한다. 이 선한 영향력의 바탕에 조시마 장로가 있다. 그는 어떻게 자신의 의지를 하나님에게 굴복시키고, 선한 영향력의 근원이 될 수 있었는가? 그는 어떻게 다른 이들과 다른 삶, 까라마조프적인 삶으로부터 벗어나 새로운 삶을 살아가게 되었는가? 조시마 장로가 청년 시절을 회상하는 부분 한 대목을 읽어보자. 그는 분노에 휩싸여 아파나시라는 사람과 결투를 앞두고 형의 말을 기억하며 놀라운 영적 경험을 한다.

나는 두 손으로 얼굴을 가린 채 침대에 쓰러져 하염없이 눈물을 흘렸습니다. 그때 마르껠 형의 모습과 형이 죽기 직전에 하인들에게 '훌륭하고 착하신 분들, 여러분은 어째서 내게 시중을 드시나요? 내가 시중을 받을 만한 가치가 있는 놈인가요?'라고 했던 마지막 말이 생각났습니다.

그러자 '그래, 내가 그럴 만한 가치가 있는 놈일까'하는 생각이 별안간 뇌리를 스치고 지나갔습니다. 사실 내가 무슨 자격으로 나와 다름없이 하느님의 형상을 닮은 다른 인간의 봉사를 받는 것일까요? 그때 이런 의문이 난생 처음으로 내 머릿속에 떠올랐던 것입니다. '저의 생명이신 어머니, 진실로 누구나 모든 일에 대해, 모든 사람들 앞에 죄를 짓고 있어요. 사람들은 이 사실을 모르고 있을 따름이지만 만약 알기만 한다면 바로 낙원이 펼쳐질 거예요.' 오오, 이 말이 과연 거짓일까요? 진심으로 나는 모든 사람들을 위해, 그리고 어쩌면 누구보다도 더 많은 죄를

1914년 모스크바 예술 극장에서 연극 무대에 올려진 <까라마조프 가의 형제들>에서 이반 카라마조프 역으로 분한 바실리 카찰로프

저질렀으며 이 세상에 있는 그 누구보다도 더 못된 인간이다라고 생각하며 눈물을 흘렸습니다! 그러자 모든 진실을 갑자기 깨닫게 되었습니다. 나는 무슨 짓을 하러 가려는 것일까? 남에게 아무 해도 끼친 적이 없는 착하고 지혜롭고 고상한 사람을 죽이러. 그의 아내의 행복을 영원히 빼앗고 고통 속에 죽게 하려고 가는 것이 아니냐.

나는 침대에 엎드려 베개 위에 얼굴을 파묻은 채 시간이 흘러가는 것도 까맣게 잊고 있었습니다.(제2부 6권 2장)

조시마 장로는 수도사가 되기 전 다른 이들과 전혀 다를 것이 없는 사람이었다. 분노하고 원수를 갚으려고 하고, 자신이 미워하는 자를 응징하려 했던 사람이었다. 그는 이 충격적인 영적 경험을 통해 자신의 본질에 대한 깊은 깨달음을 얻었는데, 이것이 바로 회개였던 것이다. 그는 회개를 통해 결투를 앞두고 전혀 새로운 삶으로 옮겨졌다. 그는 결투장에서 적에게 자신의 잘못을 사죄한다. 이것이 바로 그가 새로운 삶을 시작하게 된 계기이다. 회개는 주님을 대면하고, 주님 앞에서 자신을 인식하게 되는 것이다. 사도바울은 예수 믿는 이들을 핍박하기 위해 다메섹 도상으로 가다가 주님을 대면하고 자신을 인식하게 된다.

'사울이 길을 가다가 다메섹에 가까이 이르더니 홀연히 하늘로부터 빛이 그를 둘러 비추는지라 땅에 엎드러져 들으매 소리가 있어 이르시되 사울아 사울아 네가 어찌하여 나를 박해하느냐 하시거늘'(행 9:3-4)

주님을 대면한 이 순간이 그를 새로운 삶으로 인도한다. 바울은 시내로 가서 아나니아라는 사람을 만나 자신의 사명을 인식하며 받아들인다.

'가라 이 사람은 내 이름을 이방인과 임금들과 이스라엘 자손들에게 전하기 위하여 택한 나의 그릇이라'(행 9:15)

그는 주님을 대면하고 자신의 악함을 인정한 후, 자신에게 주어진 하나님의 의지에 자신을 굴복시킨다. 그는 온 인류에게 소망이 된다. 그가 가는 곳마다 놀라운 복음의 역사가 나타난다. 온 세상을 구원하는 유일한 소망은 하나님나라의 임재이다. 이를 위해서는 반드시 회개의 과정이 필요하다. 하나님께서는 성전에서 회개하며 기도하는 이들에게 이 땅을 고칠 것이라고 약속하신다.

'내 이름으로 일컫는 내 백성이 그들의 악한 길에서 떠나 스스로 낮추고 기도하여 내 얼굴을 찾으면 내가 하늘에서 듣고 그들의 죄를 사하고 그들의 땅을 고칠지라'(대하 7:14)

복음의 진리가 사라진 세상에서는 욕구를 위한 과학과 권리를 위한 인권만이 선으로 남는다. 이것은 인류에게 엄청난 불행이다

그리스도인으로 《까라마조프 형제들》을 읽을 때, 조시마 장로의 담화와 설교 부분을 읽는 것은 영적으로 매우 큰 유익이 있다. 그의 설교를 일부 소개한다. 현대 사회에서는 복음의 진리가 사라지고, 그 대신 욕구를 충족시켜주겠다 약속하는 과학과 권리를 위한 인권이 채웠다. 그 결과 인간은 허무하고 공허해지고, 욕구 충족을 위한 소비와 무분별한 권리 주장만이 난무하게 되었다. 이것은 인간 스스로에게 뿐만 아니라 사회공동체에도 심각한 불행을 초래한다.

사실 안타깝게도 수도원에도 건달, 호색한, 난봉꾼, 무례한 방랑자들이 많습니다. … 그렇지만 한편으로 수도원에는 겸손하고 유순하며 고독을 갈망하면서 정적 속에서 기도에 정열을 불사르는 수도사들도 많습니다. … 고대의 목회자들, 사도들, 순교자들로부터 전해지는 그리스도의 형상은 장엄하고 조금도 왜곡되지 않은 채 하느님의 순수한 진리대로 보존되어 있으며, 필요할 때에 진실이 동요를 일으키는 세상에 모습을 드러내야만 합니다. 이 사상은 위대한 것입니다. 동방에서 그 별은 다시 빛날 것입니다.

나는 수도사들에 관해 이렇게 생각하고 있는데, 진정 그것이 거짓이며 자만일까요? 보십시오, 하느님의 자식들에게 오만하게 굴고 있는 세속에서는 하느님의 형상과 그분의 진리가 왜곡되어 있지 않습니까? 세인들은 과학을 가지고 있지만, 과학 속에는 감각으로 확인된 것만이 존재할 뿐입니다. …

세상은 자유를 선언하였고, 현대에 들어서는 더욱 그렇습니다만, 그들의 자유 속에서 우리는 무엇을 보고 있습니까? 그것은 예속과 자살에 지나지 않습니다! 세상은 이렇게 말하기 때문입니다. '욕구가 있으면 충족시키시오. 당신들도 귀인들이나 부자들과 똑같은 권리를 가지고 있지 않소? 욕구 충족을 두려워하지 말고 오히려 더욱 증대시키시오'라고 말입니다. 이것이 오늘날 이 세상의 교리이며, 세인들은 그 속에서 진리를 발견하고 있는 것입니다. 그런데 욕구 확대라는 권리는 어떤 결과를 낳았습니까? 부자에게는 '고독'과 정신적 자살을, 가난한 사람들에게는 질

1895년 레오니드 파스테르나크가 그린 <시험 전날 밤>은 까라마조프 형제들을 연상시킨다.

투와 살인을 낳았을 뿐입니다. 왜냐하면 권리를 주었으되 욕구를 충족시키는 방법을 미처 가르쳐 주지 않았기 때문입니다.

세상은 날이 갈수록 하나로 합쳐지고, 이로써 거리를 줄여 나가고 허공을 통해 사상을 전달하는 형제적 관계를 형성해 나갈 거라 사람들은 믿고 있습니다. 아아, 인류의 그 같은 결합을 믿지 마십시오. 자유를 욕구의 증대와 신속한 충족으로 이해함으로써 자신의 본성을 왜곡할 뿐입니다. 왜냐하면 그것은 수많은 무의미하고 어리석은 욕망과 관습과 비합리적인 망상을 탄생시켰기 때문입니다. 사람들은 육욕과 자만, 서로에 대한 질투만을 위해 살고 있는 것입니다. …

그 같은 인간이 자유로울 수 있는지 나는 여러분한테 묻겠습니다.

(제2부 6권 3장)

하나님의 진리가 없는 세상, 하나님을 거부한 세상은 자신들의 욕망을 채우기 위해 과학과 인권을 이용한다. 과학과 인권으로 세상을 더 낫게 하는 것이 아니라, 과학을 이용해 권력자들은 전쟁을 일으키고, 경제인들은 소비세상을 일으킨다. 자유가 아니라 예속을 낳는 것이다. 인권 선언을 통해 권력자들은 자신들의 권력을 쟁취하며, 사회운동가들은 자신의 사상으로 많은 젊은이들이 자기 마음대로 하나님을 반역하며 살아가게 하는 것이다.

'또한 그들이 마음에 하나님 두기를 싫어하매 하나님께서 그들을 그 상실한 마음대로 내버려 두사 합당하지 못한 일을 하게 하셨으니, 곧 모든 불의, 추악, 탐욕, 악의가 가득한 자요 시기, 살인, 분쟁, 사기, 악독이 가득한 자요 수군수군하는 자요 비방하는 자요 하나님께서 미워하시는 자요 능욕하는 자요 교만한 자요 자랑하는 자요 악을 도모하는 자요 부모

를 거역하는 자요 우매한 자요 배약하는 자요 무정한 자요 무자비한 자라'(롬1:28-31)

예수님을 통해 하나님을 만나야만 우리는 진정한 진리의 세계에 들어갈 수 있다. 인류를 풍요롭게 만들었다고 자부하는 과학과 인권은 인류의 욕망을 추구하고 나아가 하나님을 대적하게 되었다. 이러한 세상에서 진정으로 가치 있는 삶을 살아가는 진정한 진리를 놓치지 말아야겠다.

제1부(1~3편) 어두운 집안의
심각한 갈등과 주인공 알료샤

1편 어느 집안의 내력 / 2편 달갑지 않은 회합 / 3편 색마들

이 소설은 까라마조프가의 아버지 표도르 빠블로비치 까라마조프의 셋째 아들 알료샤(알렉세이)를 주인공으로 소개하면서 시작된다. 소설은 아버지 표도르의 살인 사건에 관한 이야기, 그리고 세 아들의 이야기로 진행되는데, 역시 핵심 인물은 셋째 아들 알렉세이(알료샤)다.

> 알렉세이 표도로비치 까라마조프는 지금으로부터 정확히 13년 전에 일어난 비극적이고 의문투성이의 죽음으로 인해 한때 상당히 널리 알려진 (물론 지금도 우리들에게는 여전히 기억되고 있는) 우리 군(郡)의 지주 표도르 빠블로비치 까라마조프의 셋째 아들이었다. 그 사건에 관해서는 때가 되면 이야기할 생각이다.(제1부 1권 1장)

아버지 표도르는 그의 성 까라마조프(검다는 뜻)의 의미답게 욕정과 쾌락에 물든 암흑의 인생이었지만, 돈에는 밝아 큰 부를 형성했다. 물론 그 부

를 가지고 온갖 쾌락을 즐기며 살아갔다. 그러니 가정이 온전할 리 없었다. 첫 번째 아내 아젤라이다와 결혼해서 첫 아들 드미뜨리(미짜)를 낳았으나, 아버지는 자녀를 전혀 돌보지 않았고 욕정에 사로잡힌 생활을 계속한다. 그녀는 남편에게 정이 떨어져 다른 남자를 만나 집을 나가버렸고, 곧 죽어버린다.

첫 아들 드미뜨리는 충직한 하인 그리고리에게 버려진다. 후에 그는 군사학교를 졸업한 후 장교로 임관하는데, 아버지와 비슷하게 방탕한 생활을 한다. 그는 아버지와 어머니가 남긴 돈을 놓고, 큰 다툼이 생긴다. 한편 표도르는 큰 아들 드미뜨리를 버리고, 소피야라는 아주 젊은 여자와 결혼한다. 그래서 두 명의 자녀를 낳는다. 이반과 알료샤(알렉세이) 두 자녀를 두고 어머니는 죽고 만다. 후처의 두 아들도 모두 그리고리에게 넘겨진다. 둘째 이반은 매우 똑똑한 수재이고, 무신론자였다. 그는 아버지와 이복형 드미뜨리의 갈등 문제로 가정을 방문한다. 셋째 아들은 알료샤인데, 경건한 신앙인이다. 그는 조시마 장로(장로는 러시아의 독특한 제도로 극기와 자아 정복의 시절을 거쳐 완전한 자유를 획득한 사람이다)의 영향을 받아 제자로 수련하고 있다.

자식들을 버린 아버지와 세 이복형제들은 아버지와 첫째 드미뜨리의 갈등을 해결하기 위해 처음으로 모인다. 그들은 수도원에서 조시마 장로와 만나 문제를 해결하려고 시도했지만, 수도원에서의 모임은 무의미하게 끝난다. 수도원에서는 표도르와 드미뜨리를 비롯하여 많은 방문자들이 조시마 장로

도스토예프스키의 《까라마조프 형제들》 초고

리자베따라는 이름은 도스토예프스키의 여러 소설에서 찾아볼 수 있다. 2007년 러시아에서 발행된 우표 <가난한 리자베따>는 오레스트 키프렌스키가 1792년 발표된 니콜라이 카람진의 소설 《가난한 리자》를 묘사한 것이다.

와 다른 성직자들과 많은 대화를 나눈다. 특히 조시마 장로에게 많은 이들이 찾아와서 다양한 질문을 통해 장로에게 가르침을 받고자 한다. 믿음이 부족한 귀부인이 딸 리자와 찾아와서 알료샤를 만난다. 리자와 알료샤는 건강한 연인 관계가 된다. 무신론자 이반과 빠이시 신부가 교회와 국가에 대한 이반의 논문에 대해서도 대화를 한다. 돈 문제뿐만 아니라, 큰 아들 드미뜨리는 여자 문제로도 아버지와 꼬였다. 아버지는 리자베따라는 여성과 부정한 관계를 맺어 스메르쟈꼬프라는 사생아를 낳았고, 그는 집에서 하인처럼 일하고 있었다.

제2부(4~6편) 갈등을 해결하려는 알료샤와 알료샤의 신앙을 흔드는 이반

4편 발작 / 5편 찬반론 / 6편 러시아의 수도사

드미뜨리도 아버지의 피를 이어 받은 것일까? 까쩨리나라는 부유한 여인과 약혼을 한 사이였지만, 그루셴까라는 음탕한 여인과 사랑에 빠진다. 더 큰 문제는 아버지 표도르도 그루셴까와의 욕정을 꿈꾸고 있다는 것이다. 이 둘의 갈등은 점점 걷잡을 수 없이 커져가고 알료샤는 조시마 장로에게 감화를 받아, 아버지와 형의 화해를 시도한다. 알료샤는 까쩨리나의 집으로 간다. 드미뜨리를 사랑하는 까쩨리나를 이반이 사랑하고, 형들의 삼각관계를 해결하기 위해서 알료샤는 힘쓴다. 일전에 드미뜨리가 수염을 잡아당기며 모욕했던 남자의 아들 일류샤라는 가난한 꼬마의 집을 찾아가서 형과의 화해를 시도한다. 그 불쌍한 가족에게 큰돈을 주려 하지만, 감정이 상한 아들과 아버지는 돈을 받지 않는다. 알료샤는 아버지와 형 드미뜨리가 저질러 놓은 일들을 해결하느라 여념이 없다.

알료샤는 귀부인 호흘라꼬바의 딸 리자와 대화한다. 리자는 '이제 당신은 나를 이끌어 주는 하나님 같은 존재에요'라고 하며 고마워한다. 그러면서도 동시에 화해를 시도하며 동분서주하는 그를 안쓰러워한다. 알료샤는 자신을 피하는 형을 찾아 대화한다. 드미뜨리는 확고한 생활 태도를 가진 동생 알료샤를 점점 존경하게 된다. 그러나 자신의 지성적 무신론에 기반을 둔 이반은 16세기에 이단을 심판하는 권세를 가진 대심문관 앞에 재림한 예수님의 이야기를 만들어 알료샤의 신앙을 뒤흔든다. 사탄이 예수님을 시험할 때 예수님이 잘못했다는 것을 세상의 논리로 강변하는 대심문관 이야기를 듣고 알료샤는 매우 큰 정신적 충격에 빠진다. 그러나 알료샤의 신앙이 흔들리지는 않는다. 이반은 까쩨리나에 대한 사랑이 진척되지 않자 책임을 회피하며 모스크바로 떠난다.

이반의 무신론에 가장 큰 영향을 받은 이는 사생아 스메르쟈꼬프다. 이러한 무신론의 악한 영향은-이반-스메르쟈꼬프로 이어져 후에 스메르쟈꼬프가 아버지를 죽이는데 중요한 역할을 한다. 조시마 장로-알료샤-드미뜨리와 리자와 일류샤 등으로 이어지는 선한 영향력은 화해와 사랑의 열매를 맺게 된다. 이 소설의 선한 영향의 근원 조시마 장로의 가르침에 대한 다양한

1933년경 보드맨 로빈슨이 흑연과 유채로 그린 까쩨리나 이바노브나로, 《까라마조프 형제들》 3권의 삽화다.

회고가 이어지며, 인류의 회복을 위한 선한 사상의 기반이 제시된다. 조시마 장로의 설교 중 백미는 사상가에 대한 비판이다. 진리가 거부되는 세상에서는 욕구를 증진시키는 과학과 권리운동이 존중된다. 그러나 사상가는 매우 기반이 약한 이들이다. 조시마 장로는 사상을 위한 투사 한 사람을 제시하며, 그는 감옥에서 담배가 너무도 피우고 싶어 고통 받은 나머지 담배만 얻을 수 있다면 자기의 이상을 팔아먹어도 좋다고까지 생각했었다는 이야기를 남겼다. 이반의 대심문관 이야기에 반하며 작가는 알료샤의 신앙의 기반이 되는 조시마 장로의 이야기를 자세히 제공한다.

제3부(7~9편) 놀랍게 변화된 알료샤와 사랑에 빠져 살인자의 누명을 쓰는 드미뜨리

7편 알료샤 / 8편 미쨔 / 9편 예심

1914년 모스크바 예술 극장에서 연극 무대에 올려진 <까라마조프 가의 형제들>에서 그루셴까 역으로 분한 마리아 게르마노바

모든 이에게 존경을 받던 조시마 장로가 죽은 후에 유난히 심한 시체의 냄새로 인해 장로 제도에 대한 비판이 이어지며, 사람들은 그의 삶을 평가절하하려고 한다. 조시마 장로의 수제자 격인 알료샤를 타락의 길로 몰고 가기 위해 라끼찐이라는 사람이 그를 드미뜨리가 사랑하는 여인이자, 돈을 위한 접대부 그루셴까에게 데리고 간다. 그루셴까는 알료샤를 유혹하지만, 오히려 알료샤와의 '한 뿌리의 파' 이야기를 하며 영적으로 감화를 받는다. 알료샤가 유혹에 넘어가

기는커녕 접대부에게도 감화를 주게 된 것은 거대한 영적 체험 때문이었다. 죽은 조시마 장로를 만나 영적으로 가르침을 받고, 알료샤의 영혼에서는 잊을 수 없는 경험을 하게 된다.

'그대의 기쁨의 눈물로 대지를 적시고 그대의 그 눈물을 사랑하라 …'는 구절이 그의 영혼 속에 울려 퍼졌다. … 마치 어떤 사상이 그의 영혼을 지배하고 있는 것 같았으며, 그것은 그의 삶에서 이미 그랬지만 앞으로도 영원히 그럴 것만 같았다. 그는 연약한 한 젊은이로서 대지에 몸을 던졌지만 한평생 확신으로 가득 찬 투사가 되어 일어났으며, 그 환희의 순간에 별안간 그것을 인식하고 느꼈다. 그 후로 알료샤는 한평생 그 순간을 결코, 결코 잊을 수 없었다.

마치 어떤 사상이 그의 영혼을 지배하고 있는 것 같았으며, 그것은 그의 삶에서 이미 그랬지만 앞으로도 영원히 그럴 것만 같았다. 그는 연약한 한 젊은이로서 대지에 몸을 던졌지만 한평생 확신으로 가득 찬 투사가 되어 일어났으며, 그 환희의 순간에 별안간 그것을 인식하고 느꼈다. 그 후로 알료샤는 한평생 그 순간을 결코, 결코 잊을 수 없었다.(제3부 7권 4장)

드미뜨리는 그루셴까와의 사랑에 미쳐 그녀와 결혼하여 새로운 생활을 할 것을 꿈꾸고 있다. 그러나 그 일은 쉽게 성사되지 않는다. 그는 아버지 표도르를 비롯해 다른 남자들과 여전히 접대부 생활을 하는 그루셴까 때문에 분노와 절망의 감정을 느낀다. 그는 그루셴까가 아버지의 집으로 갔을 거라 생각하고, 아버지의 집에 몰래 갔다가 하인 그리고리에게 큰 부상을 입힌다. 그 날 아버지 표도르가 죽었다. 그루셴까는 드미뜨리를 사랑하면서도, 옛 애인을 잊지 못하고 갈등한다. 드미뜨리가 그루셴까에게 미쳐 여기저기를 방황하고 있을 때, 그는 아버지의 살해범으로 지목된다. 아버지가 죽은 날 현장에 갔었고, 흉기로 그리고리에게 부상을 입혀 피도 묻어 있는 걸 본 목격자들도 있었기 때문이다. 실제로는 사생아 스메르쟈꼬프가 죽인 것이지만, 그는 간질병 발작을 알리바이로 용의 선상에서 제외된다. 드미뜨리는 독 안에 든 쥐가 되고 만다. 재판이 진행되면서 드미뜨리는 점점 범인으로 몰린다.

제4부(10~12편) 알료샤의 감화력과 범죄에 연루되는 나머지 세 형제

10편 소년들 / 11편 작은형 이반 표도로비치 / 12편 오판

꼴랴 끄라소뜨낀을 비롯하여 변화가 필요한 많은 아이들이 등장한다. 알료샤는 아이들에게 지대한 관심을 갖는다. 그리고 불행한 가정에 친구들의 따돌림까지 받는 일류샤를 찾아가 그를 돌봐준다. 알료샤는 드미뜨리를 사랑하게 된 그루셴까의 집에서 까쩨리나로 불안해하는 그녀를 변화시킨다. 또한 병약한 애인 리자를 방문하여 그녀를 위로한다. 나아가 범인으로 몰린 드미뜨리도 만나 대화를 나눈다. 드미뜨리는 똑똑하지만 부정적인 영향을 미치는 이반의 사상에 대해 비판한다. 알료샤는 드미뜨리가 범인이 아님을 확신하고, 형에게 긍정적인 이야기를 해 준다. 이반은 아버지의 집에서 사생아 동생 스메르쟈꼬프를 만난다. 그리고 그가 범인임을 자백 받는다. 그러나 그 과정에서 스메르쟈꼬프의 살인이 자신의 사상에서 왔음을 알게 된다. 스메르쟈꼬프는 말한다.

"그 돈은 제게 아무 소용도 없습니다." 스메르쟈꼬프는 한 손을 내저으

며 떨리는 목소리로 이렇게 말했다. "전에는 그 돈을 가지고 모스끄바나, 아니면 외국 어느 곳에라도 가서 인생을 새롭게 시작해 볼 생각도 했었지요. '모든 것은 허용되기' 때문에 그런 꿈을 꾸었던 것이죠. 그 말은 도련님께서 실제로 제게 가르쳐 주셨던 겁니다. 예전에 여러 차례 그런 말씀을 해주셨지요. 만일 영원한 하느님이 존재하지 않는다면 어떤 선행도 존재하지 않으며, 또 그럴 필요도 전혀 없다고 말입니다. 도련님 말씀이 옳습니다. 저도 그렇게 판단했거든요.(제4부 11권 8장)

스메르쟈꼬프는 형 이반이 자신을 인정하지 않는 것을 비관하여 자살한다. 이반은 엄청난 충격을 받는다. 그는 스메르쟈꼬프가 아버지를 죽였다는 것을 증언하고, 드미뜨리를 풀어주려 했지만 실패한다. 그리고 자신의 사상이 아버지를 죽였다는 생각에 정신병에 빠져든다. 드미뜨리는 범인으로 확정된다.

에필로그

이반은 무고하게 범인이 된 형 드미뜨리를 구출하려 한다. 소설의 마지막은 따돌림을 당했던 불쌍한 마을 아이 일류샤의 장례식 장면이다. 알료샤는 부활의 소망을 전하면서 일류샤의 장례식 조사를 하고, 마을 아이들은 '(알렉세이) 까라마조프 만세'를 외친다. 알료샤는 암울한 자신의 가정뿐 아니라, 온 마을 사람들과 아이들에게까지 놀라운 사랑의 감화를 남기며, 형 드미뜨리와 까쩨리나도 서로 용서하게 한다. 알료샤는 이 소설의 선한 사상의 축이며, 소망의 근원이다.

"영원히 이렇게, 한평생 이렇게 손에 손을 잡고 말이죠! 까라마조프 만세!" 꼴랴가 감격한 어조로 다시 한 번 이렇게 외쳤다. 그러자 나머지 소년들도 모두 입을 모아 함성을 질렀다.

07장

인 간 성   회 복 의   열 쇠 는
하 나 님 의   계 명 이 다

톨스토이 《부활》

(번역본 : 김학수 역, 문예출판사)

모든 제도를 거부하는
이상적 사상가 톨스토이(1828-1910)

1828년 백작 집안에서 태어나, 1844년 카잔 대학에 입학하지만 실망하고 고향으로 돌아갔다. 이때부터 그의 이상주의적 성향이 발휘되기 시작했던 것으로 보인다. 기존 대학의 체제를 받아들일 수 없었던 것이다.

1899년 출판한 《부활》 초판의 표제지

그는 귀족 지주였지만 당연히 토지제도에 만족할 수 없었다. 20대 초반에 고향에서 새로운 농지 경영과 농노 계몽에 힘쓴다. 그러나 그의 이상은 좌절된다. 1852년 글로 자신의 이상을 펼쳐나가는 작가의 길에 들어선다. 또한 러시아 농촌의 개혁을 위해 힘을 쓰고, 농민을 위해 학교도 세운다. 1862년 결혼 후 비교적 젊은 나이에 《전쟁과 평화》, 《안나 카레니나》를 쓰며 위대한 작가 반열에 오른다. 늘 전쟁을 거듭하던 유럽과 조국 러시아의 상황이 그에게 품게 한 평화사상은 전쟁을 일삼는 국가와 권력자들에 대한 거부 운동으로 발전한다.

그의 나이 50 즈음에 삶에 대한 회의가 찾아오며 인생의 무의미함에 신음하다가, 개인적인 깊은 회심을 경험하며 기독교 사상(그가 받아들인 신앙은 자신에 의해 가공된 기독교 신앙으로 기독교 사상이라고 해야 할 것 같다)에서 답을 찾는다. 그의 회심의 과정은 《고백록》에 자세히 나온다. 이후 그는 기독교 사상에 몰두하였지만, 그의 이상주의적 성향은 여기에서도 발현된다. 그의 기독교 신앙은 문제가 없을 수 없는 제도교회를 비판하며 반제도교회적 성향을 갖는다. 또한 기적적인 성경의 기록들을 거부하는 이성적 신앙체계로 기울어 일반적인 종교적 회심과는 차이가 있다는 특징이 있다.

우리가 다룰 《부활》은 이러한 회심 한참 이후에 쓴 소설이며, 자신의 기독교 사상이 깊이 녹아 있다. 작품 발표 2년 후인 1901년에 《부활》에 러시아 정교회를 모독하는 표현이 있다는 이유로 파문을 당했다. 그는 만년에 술과 담배를 끊고, 손수 노동을 하며, 금욕과 빈민 구제에 힘썼다. 사유재산과 저작권도 포기하려 시도하여 가족과도 갈등을 빚다가 세상을 떠났다. 그는 늘 자신의 이상을 찾아 국가와 종교에 대해 고민했는데, 그만의 독특한 이상주의적 반국가관과 기독교 사상 등을 통틀어 '톨스토이즘'이라고 부른다. 톨스토이즘은 방대하여 누구나 감탄하며 공감할 수밖에 없지만, 동시에 지나치게 비현실적인 부분이 많아서 다 받아들일 수 없는 그 무엇

《부활》(김학수 역, 2014년, 문예출판사)

이다. 완전한 것을 소망하고 찾아 헤맨 위대한 작가는 우리 모두에게 교사가 된다. 배울 것을 찾는 것은 우리의 몫이다.

하나님의 계명을 실천하는 것을
인간성 회복의 열쇠로 제시한 《부활》

부활은 기독교에서 사용하는 용어다. 톨스토이의 부활은 분명 기독교적 가치가 깊이 녹아 있는 작품이다. 그는 이 작품에서 부활이라는 용어를 육체가 죽었다가 살아나는 의미가 아니라, 영적으로 죽어 있었던 한 인간이 진정한 인간으로 변화되는 의미로 사용했다. 성경적으로도 사도 바울이 자주 사용한 부활의 용례다. 이 작품은 톨스토이가 1899년 70이 넘은 만년에 쓴 작품이고, 대작소설들 중 가장 마지막 작품이기도 하다. 따라서 그의 사상이 집대성 된 작품이라고 할 수 있고, 가장 중요한 작품이며 최종적인 그의 생각이 반영된 작품이라 할 수 있다.

1880-1886년 사이 레오 톨스토이의 초상

이 작품에는 신분제와 토지제도에서 오는 사회적인 문제들과 타락하여 본질을 잃어버린 종교(러시아정교회)의 문제들에 대한 비판과 더불어 그 제도들의 문제들을 극복하는 인간성 회복의 열쇠가 드러나 있다. 그것은 바로 하나님의 계명이며, 그 계명의 실천이다. 작가는 하나님의 계명을 실천하면 하나님의 나라가 온다는 복음서, 특히 산상설교의 가르침을 인류의 소망으로 제시하고 있다. 작가는 주인공 네흘류도프를 통해《부활》의 결말 부분에서 이 부분을 분명히 하고 있다. 예수의 신성이나 초월적인 믿음에 동의를 하지 않는 톨스토이가 진정한 복음을 전했다고 보기는 어렵다. 하지만 그의 사상의 근저에는 성경이 자리를 잡고 있으며, 그는 성경 이외에 다른 대안적 소망을 제시하지 않았다는 점에서《부활》에 드러난 하나님 나라의 사상은 의미가 있다.

톨스토이(1828-1910)와 도스토예프스키(1821-1881)

한국인들에게 이 두 사람은 가장 잘 알려진 러시아 소설가들이다. 도스토예프스키는《까라마조프 형제들》에서 다음과 같이 톨스토이를 언급한다. '그건 레프 똘스또이라 해도 묘사하지 못하는 문제라고.(제4부 11편)' 도스토예프스키는 톨스토이를 무엇이든 가장 상세하고 정교하게 묘사할 수 있는 위대한 작가로 여기고 있었다. 마찬가지로 톨스토이도《부활》에서 주인공 네흘류도프와 카튜샤가 만나는 장면에서 '네흘류도프는 자기가 먼저 읽고 나서 곧 그녀에게 도스토옙스키나 투르게네프의 소설을 빌려주곤 했다(제1부 12장)'는 부분을 삽입한다. 둘은 서로가 잘 알고 존경하는 동시대의 위대한 작가들이었다.

두 작가는 많은 면에서 닮아 있다. 두 사람 모두 사회주의 혁명의 분위기가 무르익어가는 19세기에 주로 작품을 발표했고, 누가 낫다고 할 수 없을 정도로 놀라운 작품들을 쏟아냈다. 작가라면 누구나 그렇겠지만 둘 다 사회주의 사상에 관심을 깊이 가졌고, 세상의 변화 가능성에 대해 고민했다. 하지만 둘 다 결국 사회주의 혁명에는 반대의 의견을 분명히 했다. 물론 다들 아는 바대로 이들의 바람과는 다르게 두 위대한 작가의 사후에 조국 러시아는 사회주의 혁명과 독재의 비참한 역사를 쓰게 되었다. 이 두 작가는 기독교적인 영향이 깊이 밴 작품들을 썼다는 면에서 많이 닮아 있다.

그러나 두 사람은 분명한 차이점을 보였다. 톨스토이는 귀족 출신으로 부족함이 없는 안정된 삶을 살며 작품 활동을 했다. 하지만 도스토예프스키는 젊은 시절 도박의 습관으로 가난을 벗어나지 못했으며, 돈을 벌기 위해 작품을 쓰기도 했던 작가로 알려져 있다. 기독교에 대한 태도에서도 두 작가는 닮은 듯 큰 차이가 있다. 도스토예프스키는 회심 후 일평생 정교회 신앙을 유지하며 기존 기독교 체제에 순응하는 작가였다면, 톨스토이는 그 유명한 회심 이후에도 모든 체제를 부정하는 그의 이상주의에 기반하여 정교회를 비판했고, 결국 정교회로부터 파문을 당했다. 그의 이상주의는 현존하는 어떤 정치, 종교, 경제 체제에 대해서도 긍정할 수 없었

1910년 이전에 레오니드 파스테르나크가 그린 《부활》의 삽화.

던 것 같다. 《부활》에 나오는 정교회에 대한 비판의 대목을 보자.

> 사제가 그 휘파람과도 같은 목소리로 수없이 그 이름을 되풀이하고 온
> 갖 기괴한 말로 칭송한 예수 그 자신은 여기서 행해진 모든 의식을 사실
> 금했지만, 사제와 소장에서부터 마슬로바에 이르기까지 이 의식에 참여
> 한 사람들 가운데 이런 생각을 하는 사람은 아무도 없었다. … 빵과 포
> 도주를 입에 넣음으로써 그리스도의 살을 먹고 피를 마신다고 상상하고
> 있는 사제들은 그리스도가 자기 몸처럼 생각하던 '불쌍한 사람들'을 속
> 일 뿐만 아니라 그리스도가 그들에게 가져다준 복음을 숨겨 그들의 최
> 대 행복을 빼앗고 그들에게 가장 참혹한 고통을 줌으로써, 빵 조각과 포
> 도주의 형태가 아니라 실제로 그리스도의 살을 먹고 피를 빨고 있다는
> 사실을 아는 사람은 아무도 없었다.(제1부 40장)

톨스토이는 기독교와 성경에 대해서도 자신의 이상주의를 통과하여 만

들어진 자신만의 것을 고집했다. 그의 이
상적인 기독교의 모습은 소수 기독교 종파
였던 두호보르 교도들의 신앙과 유사했다.
이들은 교회를 부정하고, 국가를 부정하며
납세와 병역의 의무를 거부해서 탄압을 받
았다. 톨스토이는 만년에 원고료를 받지
않았는데, 부활의 원고료는 그들을 위한
이주비에 기부했다고 한다. 이렇게 닮은
듯 다른 두 작가를 통해 우리는 풍성한 유
산을 갖게 되었다.

엘리자베스 메쿠르예나 보엠이 그린 <
톨스토이의 유형, 카튜샤>

일제 강점기의 소망 :
신파극《부활》의 여주인공 카튜샤

　《부활》은 세계 여러 나라에서 번역되어 소개되었는데, 1900년대 일본에서 신파극이 성행할 때 크게 히트를 쳐서 이른바 '카튜샤' 스타일이 유행했을 정도였다고 한다. 1910년 대 우리나라로 넘어 와서도 이 작품은 크게 유행을 했다고 한다. 귀족에게 버림받고 나락으로 떨어졌던 '카튜샤'의 처지가 나라 잃은 백성들과 동일시되었기 때문인 것 같다. 또한 그녀가 상처를 딛고 회복하여 새로운 사랑을 찾아가고, 그에게 상처를 입혔던 귀족이 회심하여 새로운 삶을 살아가는 스토리는 소망 가득한 미래를 그릴 수 있게 도와주었을 것이다. 이런 이유인지 몰라도《부활》은 한국인들이 유독 좋아하는 작품이라고 한다.

하나님의 말씀이 실천된다면
하나님 나라가 이루어진다

톨스토이 《부활》은 한 귀족이 새로운 삶을 살아가게 되는 과정을 그리고 있다. 그는 그리 악하지 않은 평범한 귀족이다. 그는 열심히 자신의 미래를 위해 준비하는 청년이었고, 토지제도로 인해 벌어지는 농민의 아픔에 대해서도 고민하는 나름 의식 있는 귀족이다. 하지만 그의 삶은 많은 이들에게 고통을 주는 이기적인 삶에 불과했다. 나름 고민도 하고 양심적인 고뇌도 하지만, 그 고민이 귀족의 삶을 바꿀 수 없었고, 그는 차츰 귀족화되어간다. 토지에서 나오는 많은 소득으로 점점 사치스러운 삶을 살아가고, 반면 많은 농민들은 비참한 삶을 살아간다.

네흘류도프는 아무리 양심적인 귀족이라도, 결국 사회악을 만들어낼 수밖에 없는 이기적인 인간임을 보여주는 상징적인 존재다.

그러던 그가 시베리아 상인 살인

1898-1899년 L. O. 파스터나크가 《부활》 삽화로 그린 <네흘류도프의 아침>

사건의 용의자로 지목되어 억울한 누명을 쓴 카튜샤라는 여인의 배심원이 되는 운명적인 사건이 벌어진다. 인생을 바꾸는 운명적인 사건이 얼마나 우연히 우리를 찾아오는가? 그는 자신이 첫날밤을 치르고 외면한 한 여인이 윤락녀로 전락하여 살인사건의 억울한 용의자로 낙인찍혀 있다는 사실에 큰 충격을 받는다. 이 사건을 통해 그는 전혀 새로운 삶을 맞이하게 된다.

그는 여인들과의 부정한 관계를 정리한다. 자신의 영지에서 고생하는 농민들을 방문하며, 토지를 나눌 방법에 대해 고민한다. 당연히 무고하게 시베리아 유형을 받은 카튜샤의 석방을 위해 백방 노력하게 되며, 심지어 그녀에게 청혼한다. 이에 더불어 그녀의 부탁으로 러시아 사법제도의 억울한 희생양들을 구제하려고 노력한다. 억울한 죄수들을 위해 많은 수고를 아끼지 않는다. 이 과정에서 그는 남을 위해 살아가는 삶이 기쁘고 즐겁다는 것을 깨닫게 된다.

그러나 카튜샤는 그의 마음을 받아들이지 않는다. 시베리아 유배의 과정에서 만난 남자를 사랑하고 그와의 결혼을 택한다.

네흘류도프는 감정의 소용돌이에서 빠져나와 자신의 삶을 돌아보게 된다. 이것은 꼭 거쳐야 되는 과정이었다. 정신적인 충격, 죄책감으로 인한 회심의 감정을 정리하고 자신의 미래를 구상해야 할 때가 온 것이다. 그는 성경을 읽으며, 하나님의 계명을 실천하면 하나님 나라가 실현된다는 것을 깨닫는다.

여기서 네흘류도프는 이 사상의 확증을 복음서에서 찾으리라 생각하고 처음부터 다시 읽기 시작했다. 언제나 그를 감동시키는 산상수훈을 읽는 동안에 그는 오늘 처음으로 그 설교에서 아름답고 추상적인 사상, 대부분 과장된 실현 불가능한 사상만을 요구하는 것이 아니라 극히 단순하고 명백하며 실제로 실행할 수 있는 계율이 있다는 것을 발견했다. 그 계율만 실행한다면(충분히 실행할 수 있는 것이다) 인간 사회는 완전히 새로운 체제를 갖게 되고, 그때에는 네흘류도프를 그토록 분격케 했던 온갖 폭력도 자연히 소멸될 뿐만 아니라, 인류에게 허용된 최고의 행복인 지상천국을 얻을 수 있다.

그 계율이란 다음 다섯 가지였다. … 네흘류도프는 타오르는 램프 불빛에 눈을 박은 채 꿈쩍도 하지 않았다. 그는 우리 생활의 온갖 추악함을 상기해보고, 이와 같은 계율로 양육된 인생은 어떻게 될 것인가를 머릿속에 선명히 그려보았다. 그러자 오랫동안 맛보지 못했던 환희가 그의 마음을 사로잡았다. 그것은 마치 기나긴 괴로움과 고통 끝에 갑자기 평안과 자유를 찾아낸 것과도 같았다. …

만일 우리가 이 세상에 보내졌다면, 그것은 누군가의 의지로 어떤 목적을 위해서 보내진 것임에 틀림없다. 그런데도 우리는 다만 자신의 쾌락만을 위해서 살고 있다고 확신한다. 이렇다면 주인의 의지를 거역했던 포도밭 농부가 나쁜 보답을 받은 것처럼 우리도 나쁜 보답을 받는 것은 자명한 일이다. 그런데 주인의 의지는 이들 계율에 다 표현되어 있다. 사람들은 다만 이 계율을 실행하기만 하면 된다. 그러면 자연히 이 지상에 신의 왕국이 건설되고, 사람들은 자신들에게 허용된 최대의 행복을 받게 되는 것이다.

너희는 먼저 하나님의 나라와 그의를 구하라. 그러면 나머지 것은 모두 너희에게 돌아가리니, 라고 하는데, 우리는 그 나머지 것만을 찾고 있으니, 발견되지 않는 것은 당연한

1927년 영화화되어 상영된 〈부활〉의 포스터

일이다.

그렇다. 바로 이것이 내 평생의 사업이다. 이제 한 가지 일이 끝나자마자 또 다른 일이 시작되었다.(제3부 28장)

네흘류도프의 심리 묘사를 통해 나타난 작가의 주장이 온전한 기독교 신앙이라고 볼 수는 없다. 실제 톨스토이는 이상주의적이며 인본주의적인 기독교 신앙을 꿈꾸었다. 그러나 우리는 네흘류도프를 통해 '회개하라 하나님 나라가 가까이 왔다'는 예수님의 복음 선포가 이루어지는 과정을 살펴볼 수 있다. 그는 자신의 삶을 부정하고, 기꺼이 삶의 방식을 바꾸는 회개의 과정을 통과해 간다. 그리고 하나님의 계명을 실천하며 하나님의 통치가 이루어지는 하나님 나라를 꿈꾸게 된다. 자신의 삶의 방식에 대한 사형 선고, 즉 십자가 앞에서 자신의 삶에 대한 회개를 단행하고 전혀 새로운 종류의 삶, 즉 하나님의 계명을 실천하며 하나님 나라를 소망하는 삶을 살아가는 것이 바울이 말한 바로 그 '부활'이었다.

'그러므로 우리가 그의 죽으심과 합하여 세례를 받음으로 그와 함께 장사되었나니 이는 아버지의 영광으로 말미암아 그리스도를 죽은 자 가운데서 살리심과 같이 우리로 또한 새 생명 가운데서 행하게 하려 함이라 만일 우리가 그의 죽으심과 같은 모양으로 연합한 자가 되었으면 또한 그의 부활과 같은 모양으로 연합한 자도 되리라'(롬 6:4-5)

변화는 자신의 본질을 깨닫고
자신을 부인하는 데서 시작된다

자신의 풍요로운 삶과 귀족의 권리와 쾌락을 포기하고, 다른 이들을 위한 삶을 살아간 네흘류도프의 변화는 어디에서 왔는가? 그는 어떻게 전혀 새로운 삶을 소망하게 되었고, 다른 이들을 위한 삶에 진정한 기쁨이 있다는 것을 깨닫게 되었는가?

그것은 바로 자신 때문에 파멸한 한 여인을 통해 자신의 실체를 보았기 때문이다. 자신의 본질을 깨닫고 자신을 부인했기 때문이다. 인간은 누구나 어떤 충격적인 사건으로 인해 자신의 본질을 깨닫고 변화되기 전까지는 자신을 정당화하는 이론을 만들어내고, 그 이론 안에서 자신의 모든 행위를 정당화하면서 살아가기 마련이다.

아이러니하게도 네흘류도프와 카튜샤가 첫 면회를 통해 만나는 장면에서 카튜샤가 자신의 윤락 행위를 정당화하는 이론을 만들고 그 안에 살아가고 있음을 보면서 네흘류도프도 자신의 삶을 돌아보게 된다. 네흘류도프는 그런 카튜샤를 바라보며 성장하게 된다. 자신도 귀족의 삶을 당연한 것으로 여기면서, 카튜샤를 비롯한 수많은 이들에게 피해를 주고 있는 삶을 정당화하고 있었던 것이다.

더욱이 그를 놀라게 한 것은 마슬로바가 자기 처지, 죄수로서의 처지(이 점에서는 그녀도 부끄러워했다)가 아니라 매춘부로서의 처지를 조금도 부끄러워하지 않을뿐더러 오히려 거기에 만족해 자랑이라도 하는 듯이 보였다는 점이다. 하긴 그것도 무리는 아니었다. 누구든지 일을 하려면 그 일이 소중하고 훌륭하다고 생각할 필요가 있다. 따라서 인간은 어떤 처지에 있더라도 반드시 대개는 자신의 행동이 소중하고 훌륭하다고 생각될 수 있도록 스스로의 인생관을 만들어내기 마련이다.

세상 사람들은 흔히 도둑이나 살인자, 간첩, 매춘부 같은 사람들이 자기 직업을 좋지 않게 생각하고 부끄럽게 여기는 것이 당연하다고 생각했다. 그러나 실은 정반대인 것이다. 피치 못할 운명 때문에, 또는 자신의 죄와 과실 때문에 어떤 처지에 빠진 사람들은 아무리 부당한 직업을 가졌다 해도 자신을 둘러싼 환경이 훌륭하고 존경받을 만하게 보이도록 스스로의 인생관을 만들어내기 마련이다. 그리고 이러한 인생관을 유지하기 위해서 사람들은 스스로가 만들어낸 인생관과 인생에서 자신의 위치를 인정해주는 그러한 사회를 본능적으로 옹호하려고 한다.

교묘한 기술을 자랑하는 도둑이나, 음탕함을 자랑하는 매춘부나, 잔인함을 자랑하는 살인자에 관한 이야기를 들을 때 우리는 이런 사실에 놀라지 않을 수 없다. 그러나 우리가 놀라는 것은 다만 이런 사람들이 살고 있는 사회나 환경이 국한되어 있기 때문이고, 우리 자신이 그 밖에 놓여 있기 때문이다.

그러나 세상의 부호가 그 부귀, 즉 약탈을 자랑하고, 군대의 지휘관이 그 승리, 즉 살인을 자랑하고, 위정자가 그 권력, 즉 압제를 자랑하는 것도 결국은 이와 똑같은 현상이 아니고 무엇이겠는가? 우리가 이러한 사람들 속에서 그들의 위치를 변호하기 위한 그릇된 인생관과 선악관을 보고도 의심치 않는 것은 다만 이러한 그릇된 관념을 가진 사람들의 사회가 더 크기 때문이고, 또 우리 자신도 그 사회에 속해 있기 때문이다. (제1부 44장)

카튜샤(마슬로바)와 네흘류도프가 재회하기 전까지 이들은 이렇게 각자 자신의 삶을 합리화하며 살았다. 그들에게는 지금 상황이 자신의 잘못 때문이건 사회의 구조적 모순이나 비극적 운명 때문이건 파멸의 길이 놓여 있을 뿐이다. 법정에서 카튜샤의 안타까운 모습을 본 네흘류도프는 집에 돌아와 저녁도 먹지 않고, 자신에 대한 깊은 절망에 빠진다. 그리고 놀라운 깨달음을 얻는다. 때로 '영혼의 정화'라 부를 수 있는 현상이 나타나긴

했지만, 자신의 악을 인식하기보다는 그것을 정당화하면서 살았던 자신을 보며 견딜 수 없는 죄책감이 일어났고, 그는 자신의 본질을 깨달아가기 시작한다.

그 때부터 오늘까지 정화의 기회 없이 오랜 세월이 지났다. 그러므로 이렇게까지 그가 더러워진 적은, 양심이 요구하는 것과 실지로 하는 생활 사이에 이렇게까지 커다란 차이가 생긴 적은 여태껏 한 번도 없었다. 그는 그 차이를 보고 자기도 모르게 겁이 났다.

이 차이는 너무나 크고 너무나 더러웠으므로 처음 순간 그는 정화 가능성에 대하여 절망을 느낄 정도였다. '지금까지 자기완성을 하고 좀 더 잘 돼보겠다고 여러 번 시도는 해보았으나, 결국 된 것은 아무것도 없지 않느냐 말이다'라고 그의 마음속에서 유혹의 목소리가 말했다. '그런데 무엇 때문에 다시 한 번 해보겠다는 거지? 너 혼자만이 아니라 모두가 그런 거야, 그게 바로 인생이라는 거다'하고 유혹의 소리가 말했다.

그러나 그 자체가 진실이고, 그 자체가 강력하며, 그 자체가 영원한 자유로운 정신적 존재가 이미 네흘류도프의 내면에서 눈뜨고 있었다. 그는 그것을 믿지 않을 수가 없었다. 현실의 그와, 앞으로 되려고 하는 그의 차이가 아무리 크다 할지라도 한번 눈뜬 정신적 존재로서 모든 것이 가능하게 생각되었다. … 그는 걸음을 멈추고, 어릴 때처럼 두 손을 가슴에 얹고는 하늘을 쳐다보며 누군가에게 이렇게 말했다.

"주여, 나를 돕고 나를 인도해주소서. 내 마음속에 들어오셔서 모든 더러움을 깨끗이 씻어주소서!"

그는 하나님에게 기도를 올리면서 자신을 돕고 자신의 영혼에 깃들어 깨끗이 씻어달라고 빌었으나, 그 소원은 그동안에 벌써 성취되고 있었다. 그의 내면에 존재하던 신이 그 의식 가운데 눈을 떴던 것이다. 그는 신을 느꼈다. 그래서 자유와 용기와 삶의 기쁨을 느꼈을 뿐만 아니라 전지전능한 선의 위력을 느꼈다. … 그는 무덥다는 생각이 들었다. 그래서 창문으로 다가가서 문을 열었다. … 네흘류도프는 달빛이 비치는 뜰과 지붕과 포플러의 그림자를 보면서 신선하고 상쾌한 공기를 가슴 가득히 들이마셨다.

"아, 기분 좋다! 정말 좋구나, 이 얼마나 좋은 기분이냐" 하고 그는 자신의 심정을 이렇게 표현했다.(제1부 28장)

그는 자신의 본질을 깨닫고, 오히려 영혼의 자유를 느꼈다. 이것이 그리스도인의 회개를 가장 잘 표현한 부분이라 할 수 있겠다.

회개의 순간은 자신의 세계관, 자기중심성이 깨어지는 순간이다. 신이 아닌 한 우리 모두는 자신의 세계관을 깨고 나와야 한다. 자신이 영원히 옳다고 주장하는 악의 굴레를 뚫고 나와야 한다. 그것이 회개이고 변화의 시작이다. 베드로는 자신의 전문성이 발휘되는 삶의 현장, 즉 고기를 잡은 현장에서 주님을 만난다. 그리고 이렇게 고백한다.

'시몬 베드로가 이를 보고 예수의 무릎 아래에 엎드려 이르되 주여 나를 떠나소서 나는 죄인이로소이다 하니'(눅 5:8)

자기 의로 똘똘 뭉쳐 무고한 그리스도인들을 박해하고 죽이던 바울은 제자 디모데에게 보내는 편지에 다음과 같이 고백한다.

'미쁘다 모든 사람이 받을 만한 이 말이여 그리스도 예수께서 죄인을 구원하시려고 세상에 임하셨다 하였도다 죄인 중에 내가 괴수로다'(딤전 1:15)

그들은 모두 네로의 박해에도 굴하지 않고 복음을 위해 살아가다가 숭고한 죽음을 넘어 영원한 천국으로 입성했다. 어떻게 이런 변화가 일어났는가? 바울처럼 신비한 경험을 통해 주님을 만나건, 베드로처럼 일상 속에서 주님을 만나건, 그들은 모두 주님을 만나 자신의 본질을 깨닫게 된 것이었다. 그들은 자신의 세계관에서 벗어나 자신이 얼마나 악한 존재인지를 고백하게 되었다. 천국의 침공을 받고, 완전히 정복된 것이었다. 바로 그 지점에서 그들의 삶은 영생을 누리는 삶이 되었다. 하나님의 뜻을 따라 온전히 순종하며, 천국을 누리는 삶을 살아가게 된 것이다.

하나님 나라를 누리는 삶은
천하 만민의 복의 통로가 되는 행복한 삶이다

자신의 본질을 깨달은 네흘류도프에게는 놀라운 변화가 일어난다. 그 변화는 먼저 자신의 한계를 인정하는 것이다. 그리고 자신이 할 수 있는 일, 즉 하나님의 말씀에 순종하면 천국이 올 것이라는 확신이다. 작품에서는 이렇게 표현되고 있다.

> 시꺼먼 비구름은 어느새 하늘 전체를 뒤덮고, 번개도 이미 먼 곳이 아니라 바로 머리 위에서 번쩍이며 넓은 뜰과 무너져가는 집과 부서진 층계를 환히 비춰주었다. 천둥소리도 머리 위에서 들렸다. 새들의 울음은 멎었으나 그 대신 나뭇잎들이 살랑대기 시작했고, 바람은 네흘류도프가 앉아 있는 현관 계단까지 몰려와 그의 머리털을 날렸다. 빗방울이 한 방울 두 방울 떨어져서 우엉 수풀이며 양철 지붕을 후두두 때리기 시작하더니, 온 하늘이 번쩍 타올랐다. 만물은 숨을 죽였다. 네흘류도프가 셋을

다 세기도 전에 머리 위에서 찢어지는 듯한 요란한 소리가 나더니 쿵 하고 하늘을 울리는 소리가 들렸다.

네흘류도프는 집 안으로 들어갔다.

'그렇다, 그렇다'하고 그는 생각했다. '우리 생활에서 일어나는 모든 문제, 그 문제의 의의를 나는 알 수도 없거니와, 또 이해할 수도 없다. 고모들은 왜 살았을까? 왜 니콜렌카 이르테네프는 죽었는데 나는 이렇게 살아 있을까? 왜 카튜샤라는 여자는 태어났을까? 왜 나는 미친 짓을 했을까? 왜 그 전쟁이 일어났을까? 그다음에 시작된 내 방탕 생활은 무엇 때문이었을까? 이 모든 것을 이해한다는 것, 곧 조물주의 섭리를 이해한다는 것은 내 힘으로는 도저히 불가능한 일이다. 그러나 내 양심에 새겨진 조물주의 의지를 행하는 것은 내 힘으로 할 수 있다. 나는 그것을 분명히 알고 있다. 그것을 해낼 때 내 마음은 확실히 평안하다.'

비는 어느새 호우로 바뀌어 요란한 소리를 내며 지붕에서 홈통으로 떨어지고 있었다. 번개도 뜸해져서 가끔 마당과 집을 비춰주었다. 네흘류도프는 방으로 돌아와 옷을 벗고 침대에 누웠으나, 군데군데 찢어진 더러운 벽지를 보자 빈대가 있지나 않을까 은근히 근심이 앞섰다.

'그렇다, 나는 주인이 아니라 하인이라고 생각해야 한다.' 그는 이렇게 생각하고, 자기 생각에 기쁨을 느꼈다.(제2부 8장)

이렇게 놀라운 생각의 변화를 경험한 그에게 당연히 일상의 변화가 나타난다. 그는 자신의 한계를 인정하고, 자신을 하나님의 종으로 하나님을 자신의 통치자로 인식한다. 따라서 그는 자신의 욕망과 자신의 이익에 몰두한 삶에서 벗어나 다른 이들을 돕는 삶을 살아갈 수 있게 된다. 여기서 놀라운 것은 그가 타인을 돕는 모든 행위로부터 대단한 기쁨과 행복을 느낀다는 사실이었다. 네흘류도프의 변화에 대해 작품은 이렇게 묘사한다.

마슬로바가 첫 번째 이송대에 끼여 보내질지도 몰랐으므로 네흘류도프는 출발 준비를 시작했다. 그러나 해야 할 일이 너무 많아서 아무리 시간이 있다 해도 도저히 다 처리해낼 수는 없을 것만 같았다. 그리고 그 일이라는 것이 이전과는 사뭇 성질이 달랐다. 이전에는 대체 무엇을 해야 할지 생각을 짜내야 했고, 일의 흥미도 오직 드미트리 이바노비치 네흘류도프 한 개인에만 한정되어 있었다. 그러나 인생의 모든 흥미가 자기 자신에게 기울어져 있었는데도 그 당시는 무슨 일이건 모두 지루했다. 그런데 이젠 모든 일이 자기 자신이 아니라 타인에 관한 일뿐인데도 전부 다 흥미로울 뿐만 아니라 매력적이며, 더욱이 그런 일이 산더미처럼 있었다.

그뿐만 아니라 이전의 자기 자신에 관한 일은 모두 언제나 짜증이 나고 화를 돋울 뿐이었는데, 타인을 위해서 하는 현재의 일은 대개 즐거운 기분을 자아냈다.(제2부 30장)

그 자신도 타인이 싫지 않은 정도가 아니라 자신이 하찮게 여기던 이들에게 정다운 존경심이 드는 자신의 변화에 대해 놀랄 정도였다.

네흘류도프는 자기 스스로를 좋지 않은 인간이라고 느낀 후로는 이상하게도 남을 싫어하는 마음이 없어졌다. 그뿐만이 아니라 아그라페나 페트로브나에 대해서도 상대방의 처지를 존중하는 상냥한 기분을 가지게 되었다. 그는 코르네이 앞에서도 참회를 하고 싶었으나, 코르네이가 너무 공손한 태도를 보여서 말을 꺼낼 용기가 나지 않았다.

재판소로 가는 길에 같은 마차를 타고 같은 거리를 지나가면서, 네흘류도프는 오늘의 자신이 아주 딴사람처럼 느껴지는 데 스스로 놀라지 않을 수가 없었다.(제1부 33장)

톨스토이가 묘사한 네흘류도프의 변화된 삶은 하나님께서 아브라함에게 하신 말씀의 성취다.

> '천하 만민은 그로 말미암아 복을 받게 될 것이 아니냐'(창 18:18)

예수를 믿는 모든 자들은 아브라함의 복을 받는다고 하지 않았던가? 그 복된 삶은 수고하고 무거운 짐을 진 자의 삶, 즉 자신만을 믿고 자신만을 위해 살아가는 불행한 삶을 벗어나서 예수님께서 주신 멍에를 메고 살아가는(우리의 예상과는 전혀 다른) 쉽고 복된 삶이다.

> '수고하고 무거운 짐 진 자들아 다 내게로 오라 내가 너희를 쉬게 하리라 나는 마음이 온유하고 겸손하니 나의 멍에를 메고 내게 배우라 그리하면 너희 마음이 쉼을 얻으리니 이는 내 멍에는 쉽고 내 짐은 가벼움이라 하시니라'(마 11:28-30)

자신을 위한 삶은 하나님과 단절된 삶이다. 자신을 위한 삶은 타인과도 단절된 삶이다. 자신의 욕망이 이끄는대로 사는 삶이며 실상은 사탄의 지배를 받는 삶이다. 그 삶의 결과는 외로움과 허무함과 두려움에서 벗어날 수 없는 삶이다. 이것이 바로 지상에서 겪는 지옥의 삶, 사망의 상태다. 그러나 회개로부터 출발한 변화된 삶은 나를 행복하게 하고, 나아가 천하 만민을 행복하게 하는 삶이다. 이것이 바로 예수님께서 우리에게 보여주신 삶이고, 그 예수님을 주로 영접한 이들에게 주어질 삶이다.

제1부

이 소설은 소망이 없어 보이는 세상, 거기에도 소망이 있다는 것을 보여주듯이 각박한 도시에도 변함없이 찾아든 봄에 대해 묘사하며 시작한다.

> 몇 십 만의 인간이 좁다란 곳에 모여 서로 밀치락달치락하며 그 땅을 보기 흉하게 만들려고 아무리 기를 쓰고 파헤쳐도, 아무것도 돋아나지 못하게 땅바닥에다 아무리 돌을 깔아도, 그 틈바구니로 싹터 오르는 풀들을 아무리 뽑아버려도, 석탄이나 석유로 아무리 그을려도, 또 아무리 나무를 자르고 짐승과 새들을 모조리 쫓아 버려도 봄은 정녕 봄이었다-도회지 안에서도.(제1부 1장)

그러나 그 봄의 향연 속에서 인간은 온갖 악한 짓을 하며 봄을 더럽히고 있다. 소설은 이렇게 계속된다.

> 그러나 사람들은, 다 자란 어른들만은 자기 자신을 속이고 괴롭히며 서로 남을 속이고 괴롭히기를 그치지 않았다 … 그들에게는 오직 서로가 남을 지배하기 위해 그들 자신이 궁리해낸 일들만이 신성하고 중요했다. 이

213

와 같이 현청 소재지의 형무소 사무실에서도 신성하고 중요한 일이란 모든 짐승과 인간에게 봄날의 감격과 기쁨이 주어졌다는 사실이 아니라 4월 28일, 즉 오늘 오전 9시까지 현재 기소 중인 재감자 세 명, 곧 여자 두 명과 남자 한 명을 지방재판소에 출두시키라는 문서 번호와 제목과 직인이 찍힌 통고서가 전날 저녁에 접수되었다는 것이다.(제1부 1장)

그 서류에 적힌 죄수 중 하나가 이 작품의 여주인공 마슬로바(애칭 카튜샤)였다. 그녀는 종살이를 하는 여인에게서 태어나 죽음의 운명을 벗어나 살아남았고, 두 여지주 마리야와 소피야 자매와 함께 반은 양녀처럼 반은 하녀처럼 살고 있었다. 마리야와 소피야는 이 소설의 남주인공 네흘류도프 공작의 고모 뻘 되는 이들이었다. 카튜샤는 하녀에게서 알 수 없이 임신된 아이 치고는 운이 좋게 성장한 셈이었다. 그러나 16세가 되었고, 그녀는 남자들의 쾌락의 대상이 되기 시작했다. 그녀는 18세 때 고모의 집에 왔던 네흘류도프의 아이를 임신하게 되었고, 버림 받고 아이를 낳았지만, 결국 죽고 말았다. 물론 아이의 아빠 격인 네흘류도프는 이미 오래

《사회평형론》을 펴낸 영국의 철학자 허버트 스펜서

전 그녀에게 돈을 좀 쥐어주고 떠나 모든 일을 모르고 살고 있었다. 그 후 카튜샤는 창녀로 전락했고, 7년 즈음이 지나 억울하게 부유한 상인의 살인사건에 연루되어 감옥에 구금된 채 재판을 받고 있는 중이었다.

네흘류도프는 우연히 그 재판의 배심원이 되었다. 네흘류도프는 파렴치한 귀족은 아니었다. 그는 스펜서의 《사회평형론》에서 감화를 받았고, 헨리 조지의 사상에도 영향을 받

아 아버지에게 물려받은 토지를 농민들에게 나눠준 청년이었다. 그러나 이 귀족 청년이 카튜샤를 임신시키고 돈을 좀 주고 고모 집을 떠나 온 것을 그가 모르고 살아간 것은 잘못이라고 여겨지지도 않는 일이었고, 그렇게 상처 받은 한 여성이 창녀가 되는 것은 너무나 흔한 현실이었던 것이다. 이제 26살이 된 가련한 여인은 범죄자의 굴레까지 뒤집어쓰고, 법정에서 배심원들의 선처를 기다려야하는 신세였다.

네흘류도프는 법정에서 자신의 두 고모의 양녀이자 하녀였던 그녀를 알아본다. 그리고 그녀와의 만남부터 지금까지의 일들을 생각하면서 큰 정신적인 충격을 받는다. 평범한 소녀가 창녀로 전락하고, 무고하게 살인죄의 혐의를 받게 되었다는 사실을 직감한다. 그는 말할 수 없는 죄책감을 느끼게 된다. 그녀의 파멸이 오로지 자신 때문일 수도 있겠다는 생각에 사로잡힌다. 카튜샤는 순수한 마음에 그를 사랑했지만, 그는 가차 없이 그녀를 버렸다. 그리고 10년 동안 귀족의 삶을 누리고 있었다. 그리고 이런 순간이 찾아온 것이다. 그가 볼 때 그녀는 무죄가 확실했지만, 그녀의 유죄를 주장하는 사람들에 대항하여 그녀를 옹호할 수 없었다. 자신의 과거가 들통 날 것을 우려하는 마음 때문이었다. 그러나 동시에 그녀를 옹호하고 싶은 마음과 그녀가 이렇게 된 것이 자신 때문이라는 죄책감에 빠져든다.

재판에서 결국 그녀가 시베리아 4년 유형을 선고받는다. 그녀는 억울하다고 소리를 질렀지만, 소용없었다. 그는 그녀에게 용서를 빈다. 그리고 죄책감의 결과로 그녀와 결혼하겠다는 마음을 먹게 된다. 그녀는 그에 대한 불신과 증오의 태도를 보인다.

제2부

　네흘류도프는 탄원서를 제출하고 무죄 선고를 받기 위해 백방으로 노력한다. 이 과정에서 그의 삶은 여러 면에서 극적으로 변화된다. 그는 사치스러운 귀족의 삶을 버리고 땅을 농부들에게 나눠줄 계획을 세운다. 그는 점차적으로 재산을 정리하고, 농부들을 찾아다니며 그들의 삶을 살핀다. 그는 단순히 토지를 똑같이 나누어주는 것보다 나은 방식을 찾는다. 그는 토지 문제를 정리하고, 다시 감옥으로 카튜샤를 찾아간다. 그리고 자신을 거부하는 카튜샤에게 진심을 표현한다. 그녀는 네흘류도프의 진심 어린 사죄에 점차 상처로부터 회복되어 간다.

1910년 이전에 레오니드 파스테르나크가 그린 《부활》의 삽화

네흘류도프는 카튜샤를 위한 상소서를 제출하는 것 외에도 여러 억울한 이들을 위한 구명 활동에 최선을 다한다. 아울러 핍박당하는 분리파 교도들을 위한 노력도 기울인다. 하지만 법정 결정이 번복되지 않았고 네흘류도프는 그녀를 따라 시베리아로 떠날 준비를 한다. 그가 할 일은 몇 가지로 정리된다. 카튜샤(마슬로바)를 돕는 일과 영지를 정리하는 일, 도움을 청하는 죄수들을 도와주는 일, 불의한 형사재판을 바로잡는 일이었다.

그는 형사 재판에는 다섯 종류의 범죄자가 있다는 것을 알게 되었다. 1) 아무 죄도 없는데 재판의 잘못으로 희생된 이들(카튜샤 같은), 2) 분노와 질투와 만취 등으로 범죄를 저지른 이들(다른 이들도 같은 상황이 되면 범죄를 저질렀을 것임), 3) 훌륭한 일들이 입법자의 측면에서는 죄가 되는 이들(밀매자, 산적, 정교회를 거부한 이들), 4) 정신적으로 일반인보다 높은 수준이라 범죄자가된 이들(분리파 신도, 나라의 독립을 위해 반란을 일으킨 이들, 정치범들), 5) 사회에 대해 그들이 저지른 죄보다 사회가 더 많은 죄를 그들에게 지은 부류의 범죄자들(생활 조건이 열악하여 죄를 짓지 않을 수 없게 된 이들)이다. 네흘류도프는 전과 다르게 이런 이들을 돕는 일에 기쁨을 느끼며 주변에 선한 일을 행하는 생활을 계속한다.

제3부

카튜샤는 시베리아로 이송된다. 그녀는 남 죄수들로 인해 매우 힘겨운 여정이었다. 그러나 네흘류도프가 그녀를 정치범들과 함께 이송하도록 도움으로 상대적으로 덜 힘든 여정이 된다. 그리고 그 과정에서 정치범인 시몬손과 만나게 되고, 그에게 사랑을 느낀다. 유형의 과정에서 카튜샤는 황제의 특사로 풀려날 기회를 얻었지만, 사랑하는 시몬손과 함께 유형생활을 계속하기로 한다. 그녀는 네흘류도프의 사랑을 받아들이지는 않았다. 하지만 둘은 과거의 상처를 넘어선다. 그녀는 마음이 치유되어 따뜻한 여인이 되어 간다.

네흘류도프는 그녀와 사랑할 수 없다는 것을 알게 되지만, 담담히 받아들이며 성숙해간다. 그는 카튜샤와의 관계를 포기하는 동시에, 자신의 도움이 필요한 수많은 사람들을 생각한다. 그리고 소파에 앉아 한 영국인이 준 성경을 읽는다. 마태복음 18장이었다. 그는 용서에 대한 교훈을 읽으며 다음과 같은 결론에 도달한다.

> 이제야 네흘류도프는 사회와 질서가 존속하고 있는 것은 남을 재판하고 처벌하는 이들 합법화된 범죄인들이 있기 때문이 아니라, 이러한 부패와 타락에도 아랑곳하지 않고 사람들이 서로 돌보며 서로 사랑하고 있기 때문이라는 사실을 뚜렷이 깨달았다.(제3부 28장)

그는 복음서를 처음부터 읽기 시작했다. 그리고 인류의 최고의 행복, 즉 신의 왕국이 실현될 수 있는 아주 단순하고 명쾌하게 실제적인 계명이 있음을 깨닫게 되었다. 그것은 마태복음 5장에 나오는 다섯 개의 계명이었다. 소설은 이렇게 마무리된다.

1910년 이전에 레오니드 파스테르나크가 《부활》 57장의 삽화

이날 밤부터 네흘류도프에게는 완전히 새로운 삶이 시작되었다. 그가 새로운 환경에 들어갔기 때문만이 아니라, 그때부터 그에게 일어난 모든 일이 그에게 이제까지와는 완전히 다른 의의를 갖게 되었기 때문이

었다. 그의 삶의 이 새로운 시기가 어떤 식으로 결말을 맺을지, 그것은 미래가 보여줄 것이다.(제3부 28장)

한 인생이 완벽하게 부활했다. 그의 미래가 미완성이라 할지라도 그는 새로운 삶을 시도할 것이고, 이전과는 전혀 다른 인생을 살아갈 것이 분명하다.

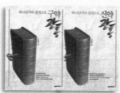